CINCO DEFENSORES
DE LA FE Y LA RAZÓN

RICHARD BASTIEN

CINCO DEFENSORES DE LA FE Y LA RAZÓN

A. MacIntyre, C. S. Lewis, G. K. Chesterton,
J. H. Newman y P. Kreeft

Segunda edición

EDICIONES RIALP
MADRID

Título original: *Cinq défenseurs de la foi et de la raison: J. H. Newman, G. K. Chesterton, C. S. Lewis, Peter Kreeft, Alasdair MacIntyre*

© 2018 *by* Yves Briend Editeur / Salvator, París
© 2025 de la versión española, realizada por MIGUEL MARTIN *by* EDICIONES RIALP, S. A.,
Manuel Uribe, 13-15, 28033 Madrid
(www.rialp.com)

Primera edición: septiembre 2019
Segunda edición noviembre 2025

Preimpresión: www.produccioneditorial.com

ISBN (edición impresa): 978-84-321-7208-3
ISBN (edición digital): 978-84-321-5143-9
ISBN (bajo demanda): 978-84-321-5752-3
Depósito legal: M-17360-2025
Impreso en Anzos, S. L., Fuenlabrada (Madrid)

«Sé que se acusa a la Iglesia de despreciar
la razón, pero es justo lo contrario. La Iglesia
es la única en la tierra que reconoce que la razón
es suprema. La Iglesia es única en la tierra en
afirmar que al mismo Dios se alcanza por la razón».

El padre Brown
en *La cruz azul,* G. K. Chesterton

«La dureza de Dios es más benevolente
que la dulzura de los hombres, y sus
exigencias son nuestra liberación».

C. S. Lewis, *Sorprendido por la alegría*

ÍNDICE

ANTES DE COMENZAR[1]

EN LOS CAPÍTULOS QUE SIGUEN, EL LECTOR se encontrará en grandes líneas con el pensamiento de cinco autores anglófonos (escocés, irlandés, inglés y americano) que, bajo el rechazo del dogma modernista según el cual no puede haber relación entre fe y razón, han emprendido la tarea de demostrar su necesaria unidad. Lo que ha motivado la elección de estos autores no es tanto que se hayan erigido como defensores de la tradición cristiana —otros lo han hecho tan bien como ellos o incluso mejor—, sino que, habiendo crecido en el seno de una cultura protestante perfectamente adaptada a nuestro mundo secularizado, han percibido sus carencias intelectuales y morales, y han descubierto la riqueza de una tradición católica

---

[1] Esta obra sigue en gran medida cinco conferencias pronunciadas en el marco del seminario «L'histoire de l'âme en Occident» [*La historia del alma en occidente*], que se celebra cuatro veces al año en Montreal y Longueuil (Quebec) desde 2008.

perfectamente cómoda con las adquisiciones de la ciencia y de la modernidad, y no menos cuidadosa de preservar las verdades eternas. De ahí vino su conversión del protestantismo al catolicismo (al catolicismo «anglicano» en el caso de C. S. Lewis). Nos revelan que nuestro mundo tiene urgente necesidad, no tanto de reformas económicas o políticas, sino de una cura espiritual. El resto, vienen a decir, se nos dará por añadidura.

1.
¿HAY QUE INTERESARSE POR LA FILOSOFÍA?

LA FILOSOFÍA TIENE CADA VEZ PEOR REPUTACIÓN. Si un estudiante muestra un interés verdadero por esta disciplina, sus compañeros y amigos le tendrán lástima, se preguntarán por su salud mental.

Los adeptos de la filosofía contestarán sin duda que se trata de la disciplina intelectual preferida por los más grandes espíritus de todos los tiempos: Platón, Aristóteles y santo Tomás de Aquino.

En todo caso, lo que se llama comúnmente la filosofía moderna, es decir, la filosofía que empieza en el siglo XVII con Descartes, y luego se transforma al hilo de los siglos en una multiplicidad de corrientes de pensamiento (racionalismo, empirismo, idealismo, marxismo, nihilismo, existencialismo, deconstruccionismo, etc.), no se parece en nada a lo que practicaban los filósofos griegos y medievales.

La única constante de la filosofía moderna es su pretensión de apoyarse solo en la autosuficiencia absoluta de la razón. En sus manifestaciones más recientes, llega incluso a afirmar que no hay otra razón que la científica, negando así el valor de todo pensamiento metafísico. ¿Puede extrañar entonces que no engendre sino escepticismo y relativismo? La filosofía moderna duda de casi todo lo que parece normal y sensato al hombre de la calle, incluida la posibilidad de llegar a una verdad cualquiera. En *Ortodoxia*, Chesterton sostiene que la filosofía moderna es una forma de desesperanza, porque «no cree verdaderamente que el universo tenga un significado». Y en su biografía de santo Tomás de Aquino, añade: «La mayor parte de las filosofías modernas no son otra cosa que dudas filosóficas; quiero decir: dudan hasta el punto de saber si la filosofía puede existir»[1].

El hecho es que, según sus propios representantes, la filosofía moderna se encuentra hoy en una calle sin salida. Inspirándose en Hegel, que pensaba haber puesto punto final a la investigación filosófica en el siglo XIX, tres de los filósofos más célebres del último siglo —Ludwig Wittgenstein, Martin Heidegger y Richard Rorty— tienen en común haber puesto fin a su carrera sosteniendo que después de ellos la filosofía no podía seguir progresando. Dicho de otro modo, está sin salida. Según esas tres celebridades mundiales de la filosofía, no hay más que una certeza: el intento del espíritu humano, inaugurado por Descartes, de poner los fundamentos de un conocimiento seguro es un fracaso lamentable, y en vano alguien se empeñará en perseguirlo.

Este sentimiento de fracaso proviene de que la filosofía moderna no admite que el espíritu humano consiga captar lo real *tal cual es*. Rechaza sistemáticamente reconocer

---

[1] G. K. CHESTERTON, *Santo Tomás de Aquino*, Rialp, Madrid, 2016.

que la inteligencia tiene la facultad de representarse fielmente el mundo exterior por vía de abstracción y de captar así la naturaleza real. Para decirlo todo, niega que una cosa cualquiera pueda tener una «naturaleza», es decir, un principio de organización que asegure la unidad de sus diferentes partes y permita comprender las relaciones internas y la coherencia. Lo que admite es solo la posibilidad para el espíritu humano de determinar los aspectos *cuantitativos* de lo real. La filosofía moderna está viciada en su mismo principio porque, lejos de contentarse con decir que se puede cuantificar lo real, va hasta afirmar que se es incapaz de ir más allá. Al *Conócete a ti mismo* de Sócrates, ella opone su propia divisa: *Fuera de lo cuantificable no hay salvación.* Lo que equivale a decir que todo lo que se puede conocer del universo y de sus componentes minerales, vegetales y animales se encuentra en las ciencias naturales (empíricas). Todo juicio que no derive de estas ciencias habría que considerarlo una superchería.

La mayor parte de los científicos suscriben más o menos conscientemente esta concepción cientista del conocimiento. Por ejemplo, en una obra titulada *El Gran Diseño* (¿hay un gran arquitecto en el universo?), el célebre astrofísico británico Stephen Hawking sostiene que «la filosofía está muerta» porque «no ha sabido asimilar los progresos de la ciencia, sobre todo de la física, [de modo que] los científicos se han convertido en los portadores de la antorcha del descubrimiento en nuestra búsqueda de conocimiento»[2]. Bertrand Russell dijo más o menos lo mismo, pero más sucintamente y en términos

---

[2] Ver a este propósito: https: www.telegraph.co.uk/technology/google/8520033.

15

más elegantes: «La ciencia es lo que sabemos, la filosofía lo que no sabemos»[3].

No es extraño, por tanto, que la filosofía sea hoy tan frecuentemente ignorada, esto es, considerada como una forma de esoterismo. Sin embargo, no debemos desesperar por eso. Como señala con humor Étienne Gilson en *La unidad de la experiencia filosófica*, «la filosofía acaba siempre por enterrar a sus enterradores»[4]. No se podría decir mejor: todos hacemos filosofía. Incluso aquellos para quienes la filosofía es una estafa están condenados a formular juicios filosóficos. El escéptico que duda de todo mientras frecuenta a sus compañeros universitarios deja de dudar del riesgo que corre si se salta un semáforo en rojo, o del salario al que tiene derecho, o de la perfidia, es decir, estupidez de quienes no comparten sus pretendidas convicciones. Por mucho que afirme que toda verdad es subjetiva, se comporta a diario como si fuese perfectamente objetiva.

Felizmente, los cristianos, sobre todo los católicos, tienen todas las razones del mundo para tratar a la filosofía como un alimento indispensable del espíritu. En *Caminos hacia Jesucristo*, el papa emérito Benedicto XVI (Joseph Ratzinger) recuerda que nuestra fe, siendo el fundamento mismo del cristianismo, es también una fe que «afirma en primer lugar la dignidad y la importancia de la razón». Y añade: «La razón es crítica de la religión en su búsqueda de la verdad; sin embargo, en su origen, el cristianismo se alinea al lado de la razón y considera a esta aliada como su principal precursor»[5]. Se trata aquí de un aspecto del

[3] Bertrand RUSSELL, John G. SLATER, Peter KÖLLNER, *Last Philosophical Testament: 1943-1968*, Psychology Press, Londres, p. 378.
[4] Versión española en Ediciones Rialp.
[5] *Caminos hacia Jesucristo*. Ediciones Cristiandad.

cristianismo que lo distingue de las demás religiones del mundo, y sobre todo del islam, que concibe a Dios como pura voluntad más que como *Logos* (para los musulmanes fundamentalistas, Dios podría mandar una cosa y su contraria si lo quisiese). La fe cristiana, nos recuerda Benedicto XVI, no es solo un asunto del corazón, sino también un «viaje de naturaleza propiamente intelectual».

Todo eso parece sin duda un poco extraño en una época en que los medios y el mundo universitario se empeñan en hacernos creer que no hay ninguna relación concebible entre fe y razón, entre filosofía y teología. Sin embargo, se puede demostrar que fe y razón, lejos de estar en conflicto, no pueden subsistir más que en el marco de una relación simbiótica cuya ruptura sería fatal para una y otra. ¿Por qué sería necesario que una relación de confianza y amor no fuese también una fuente de conocimiento racional? La relación entre fe y razón solo tiene sentido si se comprende la naturaleza de una y otra.

La razón significa la capacidad que tenemos de *conocer* la verdad de una cosa apoyándonos en lo que nos revelan ya sea nuestros sentidos, ya nuestro intelecto, concerniente a esa cosa. El conocimiento adquirido vía nuestros sentidos es un conocimiento sensible, que se llama también conocimiento empírico, es decir, un conocimiento de cosas tangibles y mensurables. El conocimiento adquirido vía nuestro intelecto es el de las verdades abstractas, como la lógica, las matemáticas y la metafísica.

La fe consiste en *creer* que una cosa es verdad. El hecho de creer que algo es verdad no tiene nada que ver con el hecho de *saber* que es verdad. El espíritu se adhiere a una verdad de fe no sobre la base de los datos de la experiencia sensible o de una operación puramente intelectual, sino apoyándose en el testimonio de una persona. Creemos algo porque creemos a alguien. El hecho de creer algo es indisociable de la confianza concedida a una persona. Eso no significa que la fe ignore los datos de la experiencia sensible. Por el contrario, la fe es generalmente reforzada por alguna experiencia que no puede explicar plenamente, por ejemplo, tengo confianza en que el tratamiento que recomienda mi médico curará mi enfermedad, sin por eso comprender por qué ese tratamiento me curará.

Lo que resulta de todo esto es que fe y razón difieren sensiblemente. La fe exige el libre asentimiento de la voluntad, mientras que la razón exige pruebas concluyentes o evidencias primeras (los primeros principios). En todo caso, las dos persiguen un mismo fin, que es servir de fundamentos a nuestra búsqueda de la verdad. Dicho de otro modo, las dos solo tienen sentido por su relación con la verdad. La razón es una manera de *comprender* la verdad de algo, o de probarla. La fe es una manera de *descubrir* la verdad de algo y de apreciar su amplitud, el misterio. Sin esta relación con la verdad, la fe no tiene sentido alguno, ni tampoco la razón.

En suma, fe y razón, teología y filosofía, deben trabajar concertadas. Una es indispensable a la otra y viceversa.

Hoy la fe es contestada en muchos frentes; necesitamos dar cuenta de nuestra fe recurriendo a instrumentos intelectuales accesibles a todos, esto es, a la razón y a la filosofía. Los cristianos deben dotarse de una formación que les permita tratar las grandes preguntas que suscita la cultura contemporánea, y sobre todo estas:

—¿Cuál es el campo legítimo de la fe y del principio de autoridad?
—¿Es conforme a la razón negar la existencia de Dios?
—¿Por qué existe el mal?
—¿Cómo se puede saber si la vida tiene un sentido?

18

—¿Existe una ley moral inscrita en la naturaleza humana?
—¿Qué tipo de sociedad debemos construir?

A través de los medios, la filosofía moderna ha intentado proponer respuestas racionales a estas cuestiones. Este intento ha fracasado lamentablemente: de ahí la desesperanza concerniente a la posibilidad de encontrar un sentido a la vida y a la capacidad de la naturaleza humana de alcanzar la verdad por medio de la razón. El mundo en que vivimos se percibe como intelectual y moralmente superior a todo lo que existió en el pasado. Repudia todo sentido de la tradición, pues estima no tener nada que aprender de quienes nos han precedido. Se trata, sin embargo, de un mundo que desprecia tanto la fe como la lógica y la razón, y donde el pensamiento ideológico ha sustituido al conocimiento objetivo y al sentido común. Por eso podemos hablar de un mundo no ya moderno, sino *posmoderno*. Después de haber renunciado a la fe, ha renunciado al uso de la razón y ha hecho nacer una cultura de la desesperanza.

En su *Tratado de filosofía política,* Aristóteles afirma que un «bárbaro» es una persona que ignora o niega que las cosas están dotadas de una *naturaleza,* y por tanto de un principio de orden o de regla interna. Se sigue que el bárbaro no es apto para vivir según la virtud de la prudencia. Su espíritu es esencialmente anárquico, en el sentido de que la noción de orden le es totalmente extraña. El mundo posmoderno, que es el nuestro, es esencialmente bárbaro, lo que significa que tiene en sí mismo algo de inhumano. Lo atestigua el hecho de que todos los países occidentales tienen tasas de natalidad que no bastan para asegurar la renovación de las generaciones. El humanismo *secularizado,* que se ha convertido en nuestra religión dominante, es profundamente mórbido y mortífero.

La encíclica *Fides et ratio,* que el papa Juan Pablo II publicó en 1998, afirma que «la fe y la razón son como las dos alas que permiten al espíritu humano elevarse hacia la contemplación de la verdad» y que «es Dios quien ha puesto en el corazón del hombre el deseo de conocer la verdad». Anima también a los cristianos a atender a la filosofía, porque «cuanto más conoce el hombre la realidad y el mundo, más se conoce a sí mismo en su unicidad, mientras deviene más urgente para él la pregunta por el sentido de las cosas y de su misma existencia»[6].

Para restablecer un verdadero conocimiento de la naturaleza humana, habrá que repudiar el relativismo cultural y moral que pesa sobre nuestra época como una verdadera losa de plomo y devolver la vida a la tradición moral fundada sobre la ley natural. Esta tradición postula que el mundo descanse sobre un cierto orden físico y moral y que no se tendrá experiencia de la felicidad sin aceptar las prescripciones que se derivan de él. Además, destaca que hay verdades morales objetivas inscritas en la textura misma de lo real y que las cosas tienen una finalidad. En esta óptica se sitúan las obras de Alasdair MacIntyre, C. S. Lewis, G. K. Chesterton, Peter Kreeft y John Henry Newman.

---

[6] JUAN PABLO II, Carta encíclica *Fides et ratio* (*Fe y razón*), parágrafo de introducción.

2.
ALASDAIR MACINTYRE
O EL MUNDO FRAGMENTADO

Nacido en 1929 en Glasgow, en Escocia, Alasdair MacIntyre ha seguido sus estudios de filosofía en las universidades de Manchester y Oxford, y comenzó su carrera en la enseñanza en 1951 en la Universidad de Manchester. Veinte años después emigra a Estados Unidos, donde enseña en varias universidades, como Notre-Dame, Yale, Princeton y Duke. Su recorrido intelectual se distingue por su diversidad. Seducido largo tiempo por el marxismo y asociado a las corrientes trotskistas en los años 1950 y 1960, pide ser recibido en la Iglesia católica a comienzos de los años 1980.

En una entrevista en 1991, MacIntyre explica que, hasta 1977, había vivido años «fragmentados y con frecuencia frustrantes y complicados», pero que finalmente se había «comprometido en la vía de un proyecto único», cuyas piezas centrales son: *After Virtue* (*Tras la virtud*), publicado en 1981, *Whose Justice? Which Rationality? (¿Qué*

Justicia, qué Racionalidad?), publicado en 1988, y *Three Rival Versions of Moral Enquiry* (*Tres visiones rivales de la ética*), publicado en 1990. Ocho años después de esta entrevista, una cuarta obra titulada *Dependent Rational Animals: Why Human Beings Need the Virtues?* (*Animales racionales y dependientes: por qué los seres humanos necesitamos las virtudes*), viene a completar esta serie.

Después de algo más de veinte años, MacIntyre ha publicado otras obras. Destacan *Marxism and Christianity*, en 1995, *Edith Stein*, en 2005, y *God, Philosophy, Universities: A Selective History of the Catholic Philosophical Tradition*, en 2009. En todo caso, las cuatro obras mencionadas en el párrafo anterior, que constituyen lo que MacIntyre llama su «proyecto único», son sin duda las más célebres[1].

LAS DERIVAS MORALES

Tras la virtud es la más conocida y más controvertida obra de MacIntyre. Será la que principalmente trataremos aquí. En el curso de los últimos cincuenta años, pocas obras de filosofía han conocido un éxito semejante. Su influencia ha sido considerable, hasta tal punto que incluso se ha comparado la influencia de MacIntyre sobre la historia de la filosofía moral con la de Thomas Kuhn sobre la historia del pensamiento científico. A fin de cuentas, se le debe haber devuelto a las virtudes un lugar privilegiado en la vida intelectual de nuestra época. Es sin duda lo que explica la creación de una *International Society for*

---

[1] Una relación actualizada de las versiones en español de las obras citadas en este libro puede consultarse en Wikipedia. Para las citas de *Tras la virtud*, en este capítulo, hemos seguido en general la versión de Amelia Valcárcel publicada por Crítica, Barcelona, 2013.

MacIntyrean Enquiry que se reúne cada año y cuya misión es profundizar en las reflexiones de MacIntyre. El éxito de *Tras la virtud* es presumiblemente atribuible a su crítica exhaustiva de la cultura moderna, así como a las propuestas que miran a reformarla. Su objeto es hacer balance de la cultura occidental, impregnada como está de liberalismo democrático, sobre todo en su dimensión moral, y determinar si hay razones para alegrarse o para preocuparse.

Según MacIntyre, lo que caracteriza a la cultura moderna es su incapacidad para resolver los problemas morales. El lenguaje de la moral pasa por un estado de extrema confusión. La situación es tal que «no tenemos ya más que fragmentos de un modelo conceptual, fragmentos en los que falta el contexto que les da sentido». Ciertamente, añade, «disponemos de un simulacro de moral y continuamos utilizando la mayor parte de sus expresiones clave. Pero, de esta moral, hemos perdido casi toda comprensión teórica y práctica». De ahí se sigue que los debates morales se prolongan indefinidamente y no encuentran ninguna salida. Por decirlo todo, «no parece existir ningún medio racional de llegar a un acuerdo moral en nuestra cultura». Todo sucede como si no dispusiéramos ya de los recursos intelectuales necesarios para sostener estos debates.

MacIntyre explica esta situación desoladora señalando tres características de nuestras discusiones sobre las cuestiones morales, a saber, la inconmensurabilidad de las premisas invocadas por las partes en presencia, la pretensión de estas partes de sostener un discurso estrictamente racional, y la heterogeneidad de su bagaje intelectual. Examinemos brevemente cada una de estas características.

La primera es que los argumentos invocados en apoyo de las distintas posiciones morales descansan en premisas que son inconmensurables. Haciendo intervenir esta noción de inconmensurabilidad, MacIntyre trata de subrayar que generalmente no solo hay malentendidos sobre los puntos de partida adoptados por las partes en un debate moral, sino también que no hay ningún método racional para determinar cuál de los distintos puntos de partida propuestos es apropiado. Para ilustrar lo que dice, menciona tres campos donde hay profundo desacuerdo en el seno de nuestra cultura: el aborto, la guerra justa y la justicia social. Sobre cada una de estas cuestiones, se observa una multitud de puntos de vista opuestos. Además, los que los defienden pueden presentar argumentos tan válidos unos como otros. Sus argumentos justifican las conclusiones que defienden, de modo que solo la validez de las premisas pide ser verificada. El problema es que no se puede establecer un juicio imparcial y objetivo sobre las oposiciones entre las diferentes premisas. MacIntyre describe como sigue la inconmensurabilidad de los argumentos invocados por una y otra parte:

> Cada uno de los argumentos es lógicamente válido [...]: las conclusiones se siguen efectivamente de las premisas. Pero las premisas rivales son tales, que no tenemos ninguna manera racional de sopesar las pretensiones de la una con las de la otra. Puesto que cada premisa emplea algún concepto normativo o evaluativo completamente diferente de los demás, las pretensiones fundadas en aquellas son de especies totalmente diferentes. [...] Precisamente porque no hay establecida en nuestra sociedad ninguna manera de decidir entre estas pretensiones, las disputas morales se presentan como necesariamente interminables.

A título de ejemplo, en el debate sobre el aborto, los provida adoptan como punto de partida el carácter sagrado del derecho a la vida, mientras que los partidarios del derecho a decidir lo apoyan todo en el derecho a la autonomía personal. Tanto en un caso como en el otro, la argumentación es perfectamente ajustada a las premisas. En todo caso, los provida no pueden convencer a sus contrarios para que acepten sus premisas, y tampoco estos pueden convencer a los provida para aceptar las suyas. La cultura occidental parece incapaz de arbitrar racionalmente la diferencia que opone a los dos campos.

La segunda característica de los debates morales contemporáneos es que pretenden ser racionales y, sobre todo, se presentan según un modo impersonal. Dicho de otro modo, los argumentos invocados presuponen «la existencia de criterios impersonales, de normas de equidad, de generosidad o de deber independientes de las preferencias personales» y traducen «al menos una aspiración a ser o convertirse en racionales» en el campo de la vida moral. Así, los partidarios del aborto libre y sus contrarios no se contentan con sostener posiciones diferentes: cada campo piensa que su posición es la única racional y que la parte contraria debería asumirla.

La tercera característica de nuestros desacuerdos morales es que las premisas invocadas por las partes que se oponen tienen orígenes muy diferentes. Los argumentos fundados sobre la noción de derechos individuales remontan generalmente a la filosofía de la Ilustración. En cuanto a los argumentos fundados sobre las nociones de bien o de *vida buena,* están con frecuencia enraizados en la filosofía griega o en la filosofía escolástica de los siglos XII y XIII. Todo eso hace resurgir «la heterogeneidad de las fuentes morales de las que somos herederos».

Para MacIntyre, la situación en que nos encontramos es profundamente paradójica. Estamos sumergidos en debates donde las premisas de los argumentos invocados por unos y otros son inconmensurables, de modo que no podemos llegar a un consenso, ni incluso reducir la distancia que nos separa. Constatamos que los argumentos utilizados tienen orígenes históricos muy distintos. Y, a pesar de todo, seguimos proponiendo argumentos que pretenden una autoridad universal. Más que resignarnos al relativismo, que parece derivarse de la inconmensurabilidad y el origen diverso, persistimos en sostener posiciones y argumentos morales como si se impusieran a una cierta conciencia universal.

RAZONES DE ESTA DERIVA

¿Cómo explicar esta desoladora situación? MacIntyre sostiene que es imputable al hecho de que, en nuestro mundo, la moral está constituida por un conjunto de fragmentos procedentes de tradiciones morales diferentes. Más que formar un todo coherente, nuestras creencias y nuestras prácticas morales no son otra cosa que un ensamblaje heteróclito de ideas fragmentarias heredadas de diferentes corrientes de pensamiento. Por la mañana pensamos según categorías kantianas, por la tarde según esquemas utilitaristas y al final del día según el modo aristotélico tomista.

Claro que también se podría explicar la fragmentación del pensamiento moral invocando las teorías emotivistas de A. J. Ayer y de C. L. Stevenson, que han dominado la filosofía moral anglosajona en la primera mitad del siglo XX. Para estos pensadores, los juicios morales no son más que la expresión de preferencias personales. No nos podremos extrañar entonces del carácter fortuito de nuestras premisas ni de nuestra incapacidad para someterlas a un arbitraje racional, ya que, según ellos, los juicios morales nunca se pueden fundamentar racionalmente.

MacIntyre rechaza esta explicación, por una parte, porque su aceptación legitimaría el relativismo moral, al que siempre se opuso y, por otra parte, porque los juicios morales que están en el origen de nuestros desacuerdos pretenden revestir un carácter racional e impersonal, y por tanto una importancia universal. En todo caso, rechazando el emotivismo como teoría moral, MacIntyre subraya que vivimos en una cultura profundamente emotivista, es decir, una cultura que no reconoce ninguna autoridad exterior que pueda limitar las preferencias personales. En esta cultura, afirma él:

> El yo específicamente moderno, el yo que he llamado emotivista, no encuentra límites apropiados sobre los que poder establecer juicio, puesto que tales límites solo podrían derivarse de criterios racionales de valoración y […] el yo emotivista carece de tales criterios. Desde cualquier punto de vista que el yo haya adoptado, cualquier cosa puede ser criticada, incluida la elección del punto de mira que el yo adopte.

MacIntyre propone también una sociología del emotivismo. La importancia de esta forma de relativismo moral dice que se prueba por el lugar dominante que ocupan en nuestra cultura tres *personajes* tipo. Estos «representantes morales de su cultura» son: el «rico esteta», cuya principal preocupación es evitar el aburrimiento cultivando los placeres sensuales; el «director» (en lenguaje norteamericano, se diría el «*manager*» o el «experto»), que se define por su capacidad de establecer el método más eficaz par lograr un fin dado; y el «terapeuta», que trata de ayudar a las personas a adaptarse a los fines o al género de vida que ellas quieren seguir. Lo que tienen en común los personajes es que consideran los fines perseguidos como hechos, fuera de su alcance. El *manager* y el terapeuta, en particular, se perciben como no implicados en absoluto en un debate moral. A sus ojos, son expertos «que deben limitarse [...] al campo de los hechos, de los medios, de la eficacia medible». Son representativos de una cultura emotivista porque estiman que los fines que ellos ayudan a alcanzar no son nada más que preferencias personales que no se prestan a una evaluación racional. La preponderancia de estos tres personajes tipo atestigua el carácter emotivista de la cultura contemporánea. Se podría añadir que también da cuenta de una concepción estrictamente instrumentalista o cientista de la razón, es decir, de una razón capaz de decirnos el mejor camino para ir de A a B, o de A a C, o de A a D, pero totalmente incapaz de juzgar lo que, entre B, C o D, conviene más a la naturaleza humana. La razón instrumentalista se dice competente sobre la elección de los medios, pero incompetente respecto a la de los fines.

Es, pues, un balance cruel el que ve MacIntyre sobre nuestra cultura. Esta queda presa de profundos desacuerdos morales y no dispone de los recursos conceptuales requeridos para resolverlos racionalmente. Además, la mayoría de los occidentales utiliza un lenguaje moral que presupone que el emotivismo es verdadero, siendo así que es falso. Una vez establecido este triste diagnóstico, MacIntyre se pregunta por qué estamos en este embrollo y, sobre todo, por qué las teorías de la Ilustración, que se pensaba resolverían nuestros problemas, han fracasado.

Su respuesta es que el proyecto de la Ilustración de establecer una justificación racional de la moral a partir de la naturaleza humana no solo ha fracasado, sino que estaba destinada al fracaso en su principio mismo. Las dos mayores tentativas en este sentido han sido la de Hume, que apoya su moral sobre las pasiones humanas, y la de Kant, que fundamenta la suya sobre la razón práctica. Si el uno y el otro han fracasado lamentablemente, es porque han adoptado desde el principio una mezcla incoherente de fragmentos heredados de la tradición aristotélica. Más precisamente, las reglas morales a las que han querido otorgar una autoridad impersonal y universal presuponían el esquema teleológico de la Ética a Nicómaco, que descansa sobre tres elementos fundamentales: «el hombre tal como es», «el hombre tal como podría ser si realizase su naturaleza esencial» y un conjunto de reglas morales. En este esquema tripartito, las reglas morales tienen por objeto permitir el paso del primer estado al segundo, su papel consiste en actualizar las potencialidades humanas: «Los preceptos que ordenan las diversas virtudes y prohíben sus vicios contrarios nos instruyen acerca de cómo pasar de la potencia al acto, de cómo realizar nuestra verdadera naturaleza y alcanzar nuestro verdadero fin». En suma, estos preceptos presuponen «una concepción de la potencia y del acto, de la esencia del hombre como animal racional y sobre todo alguna interpretación del *telos humano*». Presuponen también que «la razón nos instruye en ambas cosas: cuál es nuestro verdadero fin y cómo alcanzarlo».

Así pues, en el esquema aristotélico, cada uno de los tres elementos solo es inteligible si se relaciona con los otros dos. Con Tomás de Aquino, presenta algunas modificaciones, pero lo esencial de su estructura tripartita se conserva. Los pensadores de la Edad Media creían que formaba parte de la Revelación, pero que también se fundaba en la razón y eran por tanto de alcance universal.

Sin embargo, este esquema en tres partes ha saltado por los aires en el siglo XVII al surgir la concepción protestante y jansenista de la razón. Según esta nueva concepción, el pecado original ha corrompido totalmente la razón, privándola así de su poder de comprender el fin del hombre. Lo que, es más, esta concepción de la razón es acorde con la de muchos sabios y filósofos del siglo XVII que, inspirados por una visión estrictamente mecanicista de la naturaleza, rehúsan concebir el cambio físico como una actualización de las potencialidades de un objeto hacia su causa final. De esta manera, bajo el efecto conjugado de la teología protestante y la filosofía científica de la Ilustración, la razón se encuentra amputada de su poder teórico y la naturaleza humana de su estructura teleológica. MacIntyre explica así esta posición:

> La razón no comprende esencias o pasos de la potencia al acto; estos conceptos pertenecen al esquema conceptual superado de la escolástica. Desde la ciencia antiaristotélica se ponen estrictos límites a los poderes de la razón. La razón es cálculo; puede asentar verdades de hecho y relaciones matemáticas, pero nada más. En el dominio de la práctica, puede hablar solamente de medios. Debe callar acerca de los fines.

Como esta concepción instrumentalista de la razón no puede admitir la noción del «hombre tal como podría ser si realizase su *telos*», la estructura tripartita del esquema moral queda privada de uno de los elementos esenciales para la comprensión de los otros dos. No queda más que la naturaleza humana tal como es y un conjunto de preceptos morales privados de su dimensión teleológica. Desprovistos de esta dimensión, algunos de estos preceptos no tardarían en parecer arbitrarios o, al menos, discutibles. Una vez suprimido «el hombre tal como podría ser si realizase su *telos*», ¿para qué podrían servir? De este modo, aunque de modo inconsciente, los filósofos de la

Ilustración eran en realidad «herederos de fragmentos incoherentes de un esquema de pensamiento y acción que fue coherente en otro tiempo». Su ambición era encontrar una justificación racional y laica a las reglas de la moral tradicional asociada al esquema aristotélico repudiado por el protestantismo y la nueva filosofía de las ciencias. Pero, privados de toda concepción normativa o teleológica de la naturaleza humana, se vieron obligados a fundamentar su moral sobre ficciones: Hume sobre la maximización del placer, Kant sobre los imperativos categóricos de la razón práctica. De ahí su fracaso.

Este fracaso, afirma MacIntyre, ha tenido el efecto de un verdadero tsunami en el orden de la filosofía moral. Más precisamente, ha engendrado a Nietzsche y todo el irracionalismo posmoderno vinculado a él. Muchos filósofos anglosajones estiman que hay hoy cuatro grandes tradiciones morales entre las que debemos escoger: la de las virtudes (Aristóteles, Platón, Agustín, Tomás de Aquino, MacIntyre), la de los deberes o de la ética deontológica (Kant, Rawls), la del utilitarismo o de la ética consecuencialista (Hume, Bentham, Mill, Singer) y la del irracionalismo (Nietzsche, Rorty, Derrida). Pero, si MacIntyre tiene razón a propósito del fracaso de la Ilustración, la elección que se nos ofrece se limita a la teoría aristotélica de las virtudes y al amoralismo nietzscheano. Esa es la alternativa que propone en el capítulo 9, titulado «¿Nietzsche o Aristóteles?».

Lo que hace fuertes a Nietzsche y a sus discípulos emotivistas y existencialistas es, según MacIntyre, precisamente el fracaso del proyecto de la Ilustración. De este fracaso, Nietzsche y sus sucesores concluyen en efecto que *toda* creencia en la moral no puede explicarse más que mediante racionalizaciones que sirven para camuflar los actos fundamentalmente irracionales de la voluntad. Dicho de otro modo, los pretendidos fundamentos de la moral esconden un proyecto de manipulación de los espíritus. Se plantea entonces la cuestión de saber si esta postura es defendible. La respuesta de MacIntyre no puede ser más clara:

> Mi argumentación me obliga a estar de acuerdo con Nietzsche en que los argumentos de los filósofos de la Ilustración nunca fueron suficientes para dudar de la tesis central de aquel; sus epigramas son aún más mortíferos que sus argumentaciones desarrolladas. Pero, si es correcta mi primera argumentación, ese mismo fracaso no fue más que la secuela histórica del rechazo de la tradición aristotélica. Y la pregunta clave se convierte en: después de todo, ¿puede defenderse la ética de Aristóteles o alguna otra muy parecida?

MacIntyre estima que es posible establecer una ética aristotélica capaz de responder de manera satisfactoria a las críticas de las concepciones morales rivales. El error de Hume, Diderot, Kant o Mill, precisa, ha sido hacer tributaria la justificación de las virtudes de una justificación previa de las reglas morales. Es necesario invertir este orden e «interesarse antes por las virtudes a fin de comprender la función y la autoridad de las reglas […]. Sobre este punto, curiosamente, Nietzsche y Aristóteles están de acuerdo». Dicho de otro modo, las reglas morales no son inteligibles, y por tanto racionales, más que si se derivan de una concepción de la vida buena representada por las virtudes.

LOS FUNDAMENTOS DE LA MORAL

Las observaciones de MacIntyre concernientes a la necesidad de fundamentar una filosofía moral sobre la prioridad de las virtudes respecto a las reglas morales son imprescindibles. Eso implica que el primer objetivo de la moral no es evitar el pecado o el mal, sino adquirir los buenos hábitos que nos hacen más humanos. Así, la moral se conjugaría primero y ante todo en un modo afirmativo más que un modo negativo, pues las prohibiciones no son más que el corolario de una afirmación sobre lo que el hombre debe ser para cumplir su vocación humana. Por ejemplo, la castidad no es ante todo un conjunto de prohibiciones, sino más bien una afirmación gozosa, aunque a veces exigente, de la persona que desea vivir según su verdadera naturaleza.

El resto de *Tras la virtud* tiene por objeto demostrar que es posible devolver la vida a una moral de las virtudes conforme a la tradición aristotélica. Para realizar esta tarea, MacIntyre propone en primer lugar una exposición histórica de la tradición de las virtudes, examinando sucesivamente las virtudes en las sociedades heroicas, las virtudes en Atenas, las virtudes según Aristóteles y las virtudes en la Edad Media. Este examen revela que la tradición de las virtudes se caracteriza por una gran diversidad: no solamente las listas de virtudes de los moralistas son diferentes e incompatibles, sino que sus teorías de las virtudes lo son también. Por ejemplo, en las sociedades heroicas descritas por Homero, las virtudes supremas son la fortaleza, la lealtad y la amistad —propiedades que permiten a cada uno ejercer el papel social que le corresponde en la ciudad temporal—. En la cultura cristiana, son más bien la caridad y la humildad las que priman, ya que permiten al hombre realizar su fin tanto natural como sobrenatural. Estas virtudes eran sin embargo despreciadas en el mundo griego. Más cerca de nosotros, Benjamín Franklin estimaba que la limpieza era una virtud.

Según MacIntyre, la cuestión que suscita esta diversidad es la de saber si podemos «extraer de estas teorías rivales un concepto central unitario de las virtudes cuya exposición sea más convincente que las precedentes». Su respuesta es que es posible y que mostrará de modo evidente la «unidad conceptual» de la tradición de las virtudes. El método que se propone utilizar para realizar este proyecto es relativamente complejo y sería fastidioso dar aquí una descripción completa. Lo que importa retener es que, en la segunda parte de su libro, MacIntyre busca remplazar la teleología aristotélica, fundada sobre una biología metafísica, por una teleología fundada sobre las relaciones humanas. Más precisamente, él piensa que el fundamento de la teleología aristotélica puede ser sociológico más que metafísico, es decir, determinado en función de la cultura más que de la naturaleza. Es lo que le lleva a situar las virtudes en un contexto social constituido por tres niveles de organización social: las prácticas humanas, la unidad de la vida humana y las tradiciones en que se enraízan nuestras vidas. Felizmente, no estamos obligados a estudiar esta parte más bien árida de *Tras la virtud*, pues el mismo MacIntyre la ha repudiado en *Dependent Rational Animals*, publicado en 2001.

En una entrevista de 1994, MacIntyre explica que cuando redactó *Tras la virtud* él era ya aristotélico, pero aún no tomista. Su tomismo apareció al descubrir que santo Tomás de Aquino era un aristotélico mejor que Aristóteles. Añade incluso que comprendió que su tentativa de tratar del bien humano en términos exclusivamente sociales no podía prescindir de un fundamento propiamente metafísico. «Solo porque los seres humanos tienen un fin hacia el que son orientados en virtud de su naturaleza específica, las prácticas, tradiciones y otras invenciones humanas pueden funcionar como lo hacen».

En nuestros días, mucha gente imagina que las virtudes humanas son contrarias a la libertad, a la espontaneidad y a lo que sería «auténtico» en el hombre. Ignoran que estas perfecciones del intelecto y de la voluntad, sobre todo el dominio de sí —lo que se llamaba antes la *templanza*— y el valor, son indispensables para actuar conveniente y honestamente, así como para hacer la vida en sociedad más justa, pacífica y agradable. De ahí la importancia de volver a descubrir las virtudes humanas. Ese es el sentido de la obra de MacIntyre.

3.
C. S. LEWIS
O LA CRÍTICA DE LA MODERNIDAD

CLIVE STAPLES LEWIS NO ES SOLO un gran escritor, es un universo literario, filosófico y teológico. Se trata de alguien que ha marcado profundamente su época y que, más de cincuenta años después de su muerte, continúa ejerciendo una gran influencia sobre millones de personas de todas las lenguas y de todas las religiones. En esta breve introducción, trataré sucesivamente de la persona de C. S. Lewis y, sobre todo, de su conversión al cristianismo; de su obra, que comprende cuentos para niños, novelas, una autobiografía y múltiples ensayos; y finalmente, de su crítica de la modernidad, que reposa en una concepción del hombre donde prima la noción de ley natural.

¿QUIÉN ES C. S. LEWIS?

Clive Staples Lewis nació en el seno de una familia protestante en 1898 en Belfast, Irlanda del Norte. A consecuencia de la muerte de su madre en 1908, su padre le lleva a unas *boarding schools*, es decir, escuelas donde los alumnos vivían en régimen de internado. Más tarde, Lewis será confiado a los cuidados de un tutor amigo de su padre, que le proporciona una sólida formación en latín y en griego. Es en esta época cuando él dice que se hizo ateo.

Gracias a la formación rigurosa que le ha dado su tutor, Lewis obtiene, en 1916, una beca que le permite comenzar a estudiar en la Universidad de Oxford. Como Reino Unido está entonces en guerra contra Alemania y él está en edad de ser alistado, se inscribe en un programa de estudios sobre autores clásicos, al tiempo que prosigue una formación de oficial militar. A finales de 1917, se incorpora como subteniente a Arras, en el Pas-de-Calais. Herido en una operación militar en la primavera de 1918, le devuelven a Inglaterra para su convalecencia, y desmovilizado algunos meses más tarde. De esta manera, puede proseguir sus estudios en enero de 1919.

En los cuatro años siguientes, Lewis obtiene diplomas en filosofía, literatura griega y latina y en literatura inglesa, lo que le permite ocupar un puesto de profesor en Magdalen College, uno de los más prestigiosos *colleges* de la Universidad de Oxford. Es ahí donde conocerá a J. R. R. Tolkien, el célebre autor de la trilogía *El Señor de los anillos*. Con Tolkien y algunas otras figuras bien conocidas de la época, Lewis creó un círculo literario informal bautizado como *The Inklings* (*Las menores ideas*), cuyos miembros se reunían los martes por la tarde en el pub *The Eagle and Child* (el pub existe todavía hoy, y se puede beber allí una jarra en el rincón donde se reunía el grupo). En el curso de estas reuniones, los miembros leían borradores de sus obras y los sometían a la crítica de sus compañeros.

Aunque seguía declarándose ateo al llegar a Magdalen College, Lewis no era ya tan rígido como lo había sido antes. En su relato autobiográfico *Surprised by Joy* (*Cautivado por la alegría*), explica que su ateísmo se fundaba en un «odio profundo a la autoridad» y un «individualismo monstruoso». «Ninguna palabra de mi vocabulario provocaba en mí un odio mayor que la de *intrusión*. Y el cristianismo había colocado en su centro al que me parecía entonces un Intruso trascendente»[1].

Gracias a la lectura de algunos autores británicos, Lewis se fue acercando progresivamente a la fe cristiana. La primera etapa de su conversión fue el descubrimiento de una obra del escritor y pastor calvinista George MacDonald, titulada *Phantastes*. Leyendo este libro, explica Lewis, «mi imaginación fue, en cierto sentido, bautizada; para el resto de mi persona fue necesario, naturalmente, más tiempo». La segunda etapa fue la lectura de G. K. Chesterton, del que pudo apreciar el humor y los argumentos. «Al leer a Chesterton, como al leer a MacDonald, yo no sabía el riesgo que corría. Un joven que quiere seguir siendo ateo tendría que ser más prudente en sus lecturas».

MacDonald y Chesterton hicieron de Lewis un teísta, sin más. Para «bautizar» no solo su imaginación, sino también su corazón, se necesitaron otras influencias, y sobre todo la de J. R. R. Tolkien, uno de los raros profesores de Oxford que profesaba la fe católica y a quien Lewis ha rendido un homenaje teñido de fina ironía en su autobiografía: «Mi amistad con este último marcó el hundimiento de dos de mis viejos prejuicios. A mi entrada en el mundo se me había aconsejado encarecidamente [...] que no me

---

[1] Un elenco de las obras publicadas en español puede verse en Wikipedia. En general, las citas de este capítulo son de nuestra traducción (N.T.).

fiase nunca de un papista, y a mi entrada en la facultad de letras [...] no creer nunca a un filólogo. Tolkien era lo uno y lo otro».

Varios autores, entre ellos Walter Hooper, amigo, albacea testamentario y biógrafo de Lewis, han subrayado el papel primordial de Tolkien en su conversión. El 19 de septiembre de 1931, Lewis invitó a Tolkien y a Hugo Dyson a cenar, y los tres, como buenos literatos que eran, discutieron hasta primeras horas de la mañana sobre la naturaleza y objeto de los mitos en la literatura. Afirmando su predilección por los mitos —su juventud se había nutrido con las epopeyas escandinavas—, Lewis dijo que en realidad no eran más que «mentiras». Tolkien replicó que, muy al contrario, eran un medio de transmitir verdades que no se consigue expresar de otro modo. «Venimos de Dios [explicó Tolkien], y los mitos que componemos, aunque trufados con errores, reflejan inevitablemente destellos fragmentarios de la verdadera luz, la verdad eterna que está en Dios». Este encuentro parece haber tenido un efecto determinante en la vida de Lewis, como indica este texto de una carta que dirigió poco después a un amigo:

> La historia de Cristo es simplemente un mito verdadero: un mito que nos marca como los demás, pero con esta importante diferencia, que lo que nos cuenta ha sucedido realmente [...]; se trata del mito de Dios, mientras que los otros son mitos de hombres; dicho de otro modo, los cuentos paganos son las imágenes que Dios utiliza para expresarse mediante el espíritu de los poetas, mientras que el cristianismo, es Dios que se expresa mediante lo que se llama las «cosas reales».

Algunos años más tarde, en un ensayo titulado *El mito convertido en hecho*, Lewis retomará esta idea insistiendo en el vínculo entre mito y verdad cristiana: «El corazón mismo del cristianismo es un mito que es al mismo tiempo un hecho. El antiguo mito del dios que muere, *sin dejar de ser* un mito, desciende del cielo de la leyenda y de la imaginación sobre la tierra de la historia. *Se produce* —en una fecha y un lugar precisos—, y de ahí se siguen consecuencias históricas concretas».

La conversión de Lewis en 1931 ha sido la conclusión de una larga reflexión que comienza poco después de la Primera Guerra Mundial, lo que explica sin duda que discurrió sin alegrías e incluso defendiéndose él. He aquí cómo la describe:

> Tratad de imaginar la habitación de Magdalen donde estaba solo, tarde tras tarde, sintiendo, en cuanto mis pensamientos dejaban mi trabajo siquiera fuese un segundo, la llegada continua, inexorable de Quien yo deseaba profundamente que no viniera a encontrarme. Lo que tanto había temido me llegaba al fin. Durante el trimestre de la Trinidad, en este año de 1929, yo cedía, admití que Dios era Dios, me puse de rodillas y recé; y sin duda fui, esa tarde, el convertido más deprimido y más reticente de toda Inglaterra.

Algunos años más tarde, Lewis llegó a ser un pilar de la Iglesia anglicana. Pero su anglicanismo se acercaba de modo sorprendente al catolicismo. Como se decía en la época, él era muy *High Church* (Alta Iglesia) y no habría tenido ningún escrúpulo en llamarse *English Catholic*, expresión que, en el léxico británico, designa a los miembros de la Iglesia anglicana que no se distinguen de los *Roman Catholics* más que por su rechazo del papado. Lo atestigua que Lewis creía en la presencia real de Cristo en las santas especies, en el sacramento del perdón (se confesaba regularmente), en la unción de enfermos y en el purgatorio.

Tantas cuestiones que no comprometen la autoridad de la Iglesia anglicana y se han dejado a la discreción de cada uno de sus miembros. Además, los dos principales fundamentos del protestantismo, que son la *sola scriptura* (la Escritura sola) y la *sola fides* (la fe sola), no tienen apenas sitio en las obras de Lewis. Y, sin embargo, sus biógrafos coinciden todos en que nunca pensó hacerse católico, sus raíces norirlandesas pesaban sin duda demasiado sobre esa perspectiva. Lo paradójico de todo esto es que muchos protestantes y anglicanos se han convertido en «católicos romanos» por influencia de sus escritos.

A lo largo de sus años en Oxford, Lewis publicó tanto obras especializadas, reservadas a universitarios, como otras de apologética destinadas al gran público. No tardó en adquirir un cierto renombre, sobre todo en el curso de la Segunda Guerra Mundial, cuando la *BBC* le invitó a dar una serie de conferencias que tuvieron tal éxito que las publicó en 1952 con el título de *Mere Chistianity* (*Mero Cristianismo*), su obra más célebre.

En 1956, dejó Oxford para ocupar la cátedra de literatura medieval y renacentista que acababa de crear la Universidad de Cambridge. Murió el 22 de noviembre de 1963, algunas horas antes del asesinato del presidente John F. Kennedy.

LA OBRA DE C. S. LEWIS

Como ya hemos mencionado sus libros se caracterizan por la diversidad de temas que abordan y los géneros literarios utilizados. Algunos comentaristas prefieren hablar de la «disparidad» más que diversidad de su obra, que deja entender la falta de unidad. Sin embargo, Lewis estimaba que sus obras constituían un todo orgánico. En una carta a la Milton Society of America, explica lo que constituye su unidad:

> Hay un hilo de Ariadna [en mis escritos]. El hombre de imaginación en mí es más viejo, más continuamente trabajador y, en este sentido, más fundamental que el escritor religioso o el crítico. Es él quien me ha [...] impulsado primero a la poesía. Es él quien, en respuesta a la poesía de los demás, ha hecho de mí un crítico; y es él quien, después de mi conversión, me ha conducido a expresar mis creencias religiosas en formas simbólicas o mitopoéticas [...]. Y, por supuesto, es él quien me ha incitado [...] a escribir los relatos de Narnia para los niños.

De esta manera, se comprenderá que la imaginación ocupa un lugar preponderante en la filosofía pedagógica de Lewis. Sus obras de ficción, decía él, tenían por objeto permitir a las verdades importantes infiltrarse en los dédalos de una religiosidad árida. La educación moderna, según piensa, priva al alma de los jóvenes alumnos «de la posibilidad misma de algunas experiencias [...] nobles, fructíferas, y adecuadas para hacernos más humanos». Según uno de sus comentaristas, Lewis ha sabido demostrar que «razón, imaginación y santidad pueden constituir un conjunto integrado». Concebía la razón como «el órgano natural de la verdad» y la imaginación como «el órgano de la significación».

Siendo la imaginación la compañera indispensable de la razón, él no vacilaba en recurrir a los mitos en sus obras de apologética. Pero el mito, en Lewis, lejos de ser algo puramente imaginario, es un relato informado por la realidad, en el sentido de que presenta interacciones profundas entre lo sagrado y lo profano, entre el bien y el mal.

43

Como explica la autora americana Jane Clark Scharl, «un mito es un relato que ofrece, más o menos oscuramente, una explicación de la relación entre Dios, uno mismo y el mundo». De este modo, Lewis facilita comprender el papel del mito en sus obras. Saca a la luz el contexto metafísico de nuestros actos.

Lewis se distingue también por el carácter universal de su obra. Hay varios centenares de traducciones de sus libros y la lista no deja de crecer. Su obra más conocida, *Las crónicas de Narnia,* se ha traducido a más de veinte idiomas, entre otras el chino, el japonés y el hebreo. La famosa *Trilogía cósmica (Lejos del planeta silencioso; Perelandra. Viaje a Venus* y *Esa horrible fuerza),* una obra de ciencia ficción más parecida a las de Julio Verne que a *Star Wars,* se ha traducido a una quincena de idiomas.

Muchos ven en Lewis al autor religioso más influyente del siglo XX, y eso tanto en inglés como en cualquier otra lengua. Hoy sigue siendo uno de los autores más leídos del mundo anglófono. Millones de personas tienen una visión del cristianismo y de la fe cristiana que se inspira en sus libros. *Mero cristianismo* es generalmente considerado como una de las obras religiosas más influyentes del siglo XX. La popularidad de su obra queda comprobada por la existencia de múltiples círculos literarios y revistas.

Pero ¿cómo explicar este éxito póstumo de Lewis, cuando la Iglesia anglicana es hoy poco más que una pieza de museo abandonada por buena parte de sus miembros? Walter Hooper responde que se encuentran hoy pocos lectores de Lewis entre los anglicanos y los protestantes liberales, pero que hay millones entre los católicos y los protestantes evangélicos. En muchos casos, añade, son editores católicos los que traducen a Lewis, sobre todo en España y en Italia, y eso a pesar de que su obra más célebre, *Mero cristianismo,* no dice casi nada de algunas doctrinas propiamente católicas, como el culto a María o a los santos y el papado.

LA ANTROPOLOGÍA FILOSÓFICA Y TEOLÓGICA DE LEWIS

Lo que sin duda más ha contribuido a la fama de Lewis es su crítica radical del hombre moderno, al que ve entregado sin defensa a las manipulaciones de los ideólogos. Esta crítica se apoya en una visión propiamente cristiana de la naturaleza humana. En un célebre texto titulado *El peso de la gloria* (*The Weight of Glory*) se expresa de modo elocuente a este respecto:

> No hay gente ordinaria; nunca se dirige usted a un simple mortal. Las naciones, las culturas, las artes, las civilizaciones son efímeras —y comparada a la nuestra, su vida es como la de un mosquito. Son inmortales esos con los que bromeamos y nos casamos, los que reñimos y a los que explotamos —inmortales horrores o eternos esplendores [...].
> Después del Santísimo Sacramento, tu prójimo es lo más sagrado que tus sentidos pueden percibir. Si es cristiano, casi ha alcanzado la mismísima santidad, pues en él Cristo *vere latitat* —el glorificador y el glorificado, la gloria en persona— está verdaderamente.

Según Lewis, lo que distingue al hombre moderno de este hombre creado a imagen de Dios y en quien Cristo se esconde (*latitat*), es ante todo que aquel ha dejado de creer en lo sobrenatural, en las realidades permanentes e invisibles, y ha adoptado una concepción naturalista del mundo. Según esta concepción, no hay nada real fuera de lo que captan nuestros sentidos por medio de la observación científica. No existe nada que no se reduzca a la materia. Así describe este reduccionismo materialista del espíritu moderno:

Ve ciertamente todos los hechos, pero no su significado. Eso es porque pretende con razón haber visto todos los hechos. Y no hay efectivamente nada más —sino justamente su significado. En este campo al menos, tiene un poco la misma reacción que el animal. Tal vez habréis observado que la mayoría de los perros no comprende el simple gesto que consiste en señalar algo con el dedo. Mostráis un poco de comida en el suelo; el perro, en lugar de mirar a tierra, viene a oler vuestro dedo. Para él, un dedo es un dedo, eso es todo. En su mundo, solo los hechos tienen importancia, no lo que significan. Y en una época como la nuestra, tan marcada por el realismo factual, encontramos gente que cultiva deliberadamente un estado de espíritu que recuerda en efecto el del perro. [...] El colmo de esta auto ceguera se manifiesta en las personas como tú y yo que, siendo perfectamente *conscientes,* se ponen a estudiar el organismo humano como si ignorasen que está provisto de conciencia. En tanto subsista este rechazo deliberado de comprender las cosas desde arriba [...], en vano se hablará de una victoria definitiva sobre el materialismo. Se seguirá concediendo crédito a la actitud que consiste en no formular más que juicios de tejas abajo sobre cada experiencia, e ignorando voluntariamente el significado de los hechos para no considerar más que los hechos mismos. No se parará de aportar pruebas —y nunca las mismas— en apoyo de la tesis de que la religión no es más que un fenómeno psicológico, la justicia, una forma de protegerse uno mismo, la política, un sinónimo de la economía, el amor, otra palabra para indicar el deseo, y el pensamiento, un proceso bioquímico.

Este reduccionismo metafísico tiene como consecuencia que el hombre moderno no crea ya en la objetividad de los valores y, más precisamente, en la ley natural, esto es, en la idea de que el mundo está sujeto a un cierto orden, tanto moral como físico, y que se puedan sacar conclusiones prácticas sobre nuestra forma de vivir fundadas en este orden. Del mismo modo que hay una razón teórica que nos permite descubrir las leyes de la física, hay también una razón práctica que nos revela las leyes de la moral. La ley natural implica que hay verdades morales objetivas inscritas en el tejido mismo de la naturaleza, incluido el corazón del hombre. Así que las cosas funcionan de una manera particular porque están ordenadas a un fin particular.

La tragedia de la modernidad está en que la ley moral objetiva, que Lewis llama el *Tao* para subrayar su carácter universal, ha devenido completamente extraña para el espíritu moderno. A sus ojos, los valores no son más que la expresión de nuestra subjetividad y no tienen ningún fundamento objetivo. En un ensayo titulado *El veneno del subjetivismo,* Lewis afirma lo que sigue:

> Hasta la época moderna, ningún pensador de primera fila ha dudado que nuestros juicios de valor eran juicios racionales o que lo que veía era objetivo. Se consideraba cosa cierta que, en la tentación, la pasión se oponía, no a un sentimiento, sino a la razón. Así pensaba Platón, Aristóteles, Hooker, Butler y el doctor Johnson. La concepción moderna es muy diferente. No acepta que los juicios de valor sean realmente juicios. Los asocia a sentimientos, o a complejos, o actitudes producidos en un colectivo bajo la presión de su entorno y tradiciones, y que varían de una colectividad a otra. Decir de una cosa que es buena es simplemente expresar un sentimiento respecto a ella; y nuestro sentimiento respecto a ella es el sentimiento que nos han imbuido a tener.

Lewis ve en el subjetivismo la matriz de todas las herejías modernas. Tal es así que el subjetivismo lleva a algunas personas ávidas de poder a pensar que es posible «mejorar nuestra moral». Esa idea, en apariencia inocente, es sin embargo «la enfermedad que pondrá seguramente fin a nuestra especie (y, a mi parecer, llevará nuestras almas a la condenación) si no es vencida: la superstición fatal de que los hombres pueden crear los valores».

Esta idea la vuelve a expresar con más fuerza aún en *La abolición del hombre*:

> Lo que yo he llamado por comodidad el *Tao*, y que otros llamarán la ley natural o la moral tradicional, o los primeros principios de la razón práctica, o incluso las perogrulladas primeras, no es un sistema de valores entre otros. Es la fuente única de todos los juicios de valor. Rechazarla, es rechazar todo valor. Guardar un valor, es aceptarlo por completo. [...] La rebelión de las nuevas ideologías contra el Tao es una rebelión de las ramas contra el árbol. De tener éxito, los rebeldes se darán cuenta de que se han destruido a sí mismos. El espíritu humano no puede inventar un valor nuevo como no puede imaginar un nuevo color primario o crear un nuevo sol y un nuevo cielo.

En *Mero cristianismo*, Lewis propone diferentes argumentos contra el subjetivismo moral y a favor del carácter objetivo de la ley moral. Su primer argumento es que, aunque los principios morales difieren según las épocas y los países, las diferencias no son muy grandes: lo que las múltiples civilizaciones tienen en común en el orden moral es mucho más importante que lo suyo propio. «Cualquiera que se tome la molestia de comparar la enseñanza moral de los antiguos egipcios, babilonios, indios, chinos, griegos y romanos, se sorprenderá al constatar lo mucho que se parecen esas morales y lo cercanas que son a la nuestra». Por ejemplo, los hombres pueden disentir de opinión en lo concerniente a las personas con quienes hay que evitar ser egoísta, pero todos reconocen que es imposible vivir solo para uno mismo. Hay valores universales que nadie se atrevería a negar.

Su segundo argumento se apoya en que la mayor parte de los subjetivistas no respetan el subjetivismo que predican cuando va en contra de sus intereses personales. Si no cumplís una promesa hecha a un subjetivista, «gritará "eso no es justo" antes incluso de que podáis abrir la boca». Tiene que recurrir, por tanto, a una justicia trascendente, y eso a pesar de que su subjetivismo niega la posibilidad misma de toda trascendencia.

Su tercer argumento es que la mayoría de la gente piensa que una moral, por ejemplo, una moral democrática o igualitaria, es superior a otra, por ejemplo, la moral imperialista o fascista. Pero no podrán presentar un juicio tal sin recurrir, al menos implícitamente, a un criterio trascendente que permita comparar las diferentes morales y declarar que unas son superiores o inferiores a las demás. Y aunque no sostengan ese criterio, creen casi invariablemente en el «progreso» moral, es decir, en el paso de una moral llamada «tradicional», «medieval» o «intolerante», a una moral subjetivista «iluminada» e «inclusiva». No obstante, la noción de progreso presupone un criterio objetivo que permita distinguir entre progreso y vuelta atrás.

De su análisis, Lewis saca dos grandes conclusiones que fundamentan toda reflexión sobre nosotros mismos y sobre el universo: «En primer lugar, [...] los seres humanos en toda la tierra tienen esta curiosa idea de un código de conducta prestablecido que no pueden ignorar. En segundo lugar, [...] no actúan conforme a ese código. Conocen la ley natural y la transgreden».

A pesar de todo, la modernidad no puede decidirse a aceptar la existencia de la ley natural. Esta renuncia, afirma Lewis, conduce inevitablemente a «la abolición del hombre». Tal es la tesis que defiende en el libro que lleva ese título. Se apoya en la idea de que «la conquista de la naturaleza por el hombre» inaugurada por Francis Bacon y René Descartes, en la medida que ignora la ley natural, se transforma paradójicamente en una conquista del hombre por la naturaleza. En efecto, aunque «algunos sueños de algunos planificadores científicos se realizasen, el dominio del hombre sobre la naturaleza significaría la dominación de algunas centenas de personas sobre millares y millares de seres humanos [...]. Todo nuevo poder conquistado por el hombre es al mismo tiempo un poder sobre el hombre».

Para ilustrar su afirmación, Lewis recurre a los ejemplos del avión, de la radio y de los contraceptivos. Constata que, cuando algunos hombres ejercen un poder derivado de una nueva tecnología, no pueden hacerlo más que si otros hombres se someten voluntariamente a este nuevo poder sobre la naturaleza, convirtiéndose así en sus pacientes. En la medida en que agentes y pacientes del poder en cuestión reconocen su dependencia ante una ley natural común a todos, tienen los mismos intereses y los mismos valores. Pero si, como es el caso en el mundo de hoy, los agentes del poder político, mediático o científico no creen ya en la existencia del *Tao*, es decir, en una moral natural objetiva, estos agentes devienen entonces controladores, o lo que Lewis llama condicionadores, y sus pacientes seres enteramente condicionados. El problema que se plantea no es un simple asunto de mayor concentración o de corrupción del poder. El problema es que ya no hay criterio para distinguir lo humano de lo inhumano, la dignidad de la barbarie: «No es que [los controladores] sean hombres malvados: es que ya no son hombres en absoluto. Al salirse del Tao, han entrado en el vacío. En cuanto a los que dominan, no son forzosamente desgraciados; no son hombres tampoco: son productos fabricados. La victoria final del hombre, según se ve, es la abolición del hombre».

ALGUNAS CONCLUSIONES

Los controladores de los nuevos poderes tecnológicos no estarán ya motivados en su proyecto de ingeniería social por los valores eternos de la ley natural, sino por sus preferencias personales: «Será de la herencia, de la digestión, del tiempo que hace y de la asociación de ideas de donde les vendrán sus razones para actuar [...]. Si no se quiere ni obedecer al *Tao* ni suicidarse, no queda más que una posibilidad, obedecer al deseo del momento, y por tanto, a fin de cuentas, a la pura naturaleza». Es de esta forma como se realiza la conquista de la naturaleza sobre el hombre:

> En ese momento en que el hombre triunfa sobre la naturaleza, se constata que la humanidad entera está sometida a un pequeño número de hombres y que estos a su vez están sometidos a lo que es puramente natural en ellos —la irracionalidad de sus deseos. Es por tanto la naturaleza, sin que ningún valor intervenga, quien reina sobre los amos del condicionamiento, y mediante ellos sobre todos los hombres. En el momento mismo en que está acabada la operación, se ve que el dominio del hombre sobre la naturaleza es de hecho el de la naturaleza sobre el hombre.

El triunfo del hombre sobre la naturaleza es también el de la abolición del hombre: esos a quienes se ha hecho creer que no hay absoluto moral o bien objetivo se someten al

dictado de los controladores; a partir de entonces, toda
protesta se hace imposible, porque toda libertad espiritual
es negada en su principio. Negar la existencia de la ley
natural es negar también el libre albedrío —la facultad de
elegir entre el bien y el mal que reside en cada uno
de nosotros—. Así es como surgen las sociedades totalita-
rias, que no se limitan a los regímenes de partido único:

> El proceso que abolirá al hombre, si no se le detiene, va tan
> rápido en los países comunistas y las democracias como en
> los fascistas. Los métodos no tienen —en sus comienzos— la
> misma brutalidad. Pero hay entre nosotros bastantes sabios
> de aire inofensivo, bastantes autores dramáticos de éxito,
> bastantes filósofos aficionados, cuyos objetivos no difieren
> a fin de cuentas de los que persiguen los nazis. Se trata
> siempre de desacreditar totalmente los valores tradiciona-
> les, y de dar a la humanidad una forma nueva, según la
> voluntad, por hipótesis arbitraria, de algunas personas bien
> situadas para eso, en una generación ella misma bien situa-
> da y que sabe cómo hacerlo.

Lewis escribió este importante texto de *La abolición del hombre* hace tres cuartos de siglo. En el curso de este periodo, la
idea de una ley natural inscrita en el corazón del hombre, y
por tanto permanente e invariable, lejos de haber conquistado los espíritus, ha sufrido una sucesión de derrotas. Los
cincuenta últimos años en particular han estado marcados
por la negación de la idea misma de naturaleza humana. En
el mundo angloamericano, este negacionismo se difundió
gracias a la pedagogía progresista de John Dewey, para quien
«la naturaleza del hombre es no tenerla». En el mundo francófono, su triunfo está ligado a la filosofía existencialista de
Jean-Paul Sartre quien, en su obra *El existencialismo es un humanismo*, afirma: «Si el hombre no es definible, es porque

no es nada. [...] No hay naturaleza humana, porque no hay un Dios para concebirla».

Es esta negación de la naturaleza humana lo que informa la filosofía moral dominante en nuestra época, es decir, el utilitarismo llamado «de preferencia» (de la expresión inglesa *preference utilitarianism*). El gran sacerdote de esta corriente de pensamiento relativista es Peter Singer, titular de la cátedra de ética en la universidad de Princeton. En una obra titulada *Cuestiones de ética práctica*, Singer afirma que la fuente de todo valor moral no puede ser otra que nuestras preferencias subjetivas. Esta noción de preferencia subjetiva es, según él, más fundamental que la de derecho de la persona, porque el valor de la existencia humana no podría determinarse sin tener en cuenta nuestros deseos personales. El utilitarismo de preferencia sirve de escudo a los pretendidos derechos al aborto y al suicidio asistido. Peter Singer es, por excelencia, el *anti* C. S. Lewis.

La idea de naturaleza humana no tiene hoy mucha resonancia social o cultural. Si, por ejemplo, declaráis en público que los niños tienen un padre y una madre, o que hay diferencias biológicas fundamentales entre un hombre y una mujer, o incluso que la unión de un hombre y una mujer constituye el fundamento indispensable del matrimonio y la familia, seréis estigmatizados por las élites universitarias y mediáticas y puestos en la picota por la mayor parte de las organizaciones políticas. Afirmando la existencia de la ley natural, violáis los cánones de lo políticamente correcto y quedáis sometidos a una excomunión cultural y social.

En cuanto al imperialismo cultural de los científicos, contra el que Lewis quiso ponernos en guardia, forma hoy parte integrante de la cultura occidental. La célebre revista *The New Scientist* publicó hace unos años un artículo titulado «Ha llegado el tiempo para la ciencia de apoderarse del poder político». Poco después, el no menos célebre zoólogo y redactor científico David Attenborough afirmaba en nombre de la ciencia que los seres humanos «son una plaga para la tierra» y que se impone un control mundial del crecimiento demográfico. En Estados Unidos, la ciudad de Nueva York prohíbe la venta de bebidas azucaradas de gran tamaño y regula la cantidad de sal en los platos de los restaurantes, siempre en nombre de la ciencia. Algunas provincias de Canadá, y Quebec en particular, han decidido, también en nombre de la ciencia, obligar a los médicos, los farmacéuticos y las enfermeras a violar su conciencia y hacerse cómplices de lo que se llama complacientemente el «suicidio asistido» o «ayuda médica a morir» bajo pena de perder su empleo, lo que sin duda es normal cuando se niega la existencia de una auténtica naturaleza humana. A falta de esta, ¿cómo se puede en efecto pretender que el hombre posee derechos inalienables y una dignidad intrínseca? Estas nociones no tienen ya entonces ningún sentido.

Un combate antropológico

La modernidad enfrenta a dos concepciones del hombre y del mundo: de una parte, la concepción llamada «tradicional», según la cual la naturaleza humana es invariable, herida en lo más profundo por el pecado original, pero con todo apta para beneficiarse de una ayuda sobrenatural; de otra parte, la concepción naturalista que afirma que la naturaleza humana es un subproducto de la evolución biológica, lo que implica que es maleable, «plástica» como dicen algunos, y por tanto perfectible por medios estrictamente naturales.

54

La primera concepción es acorde con la tradición aristotélica y cristiana defendida por Lewis: admite la existencia de realidades inmateriales como Dios y el alma, reconoce el orden de la naturaleza en general, y de la naturaleza humana en particular con una finalidad que la trasciende, y preconiza en la esfera pública reformas respetuosas de instituciones de la sociedad civil como la familia, la escuela, la Iglesia, etc.

La segunda concuerda con una tradición pagana y materialista: niega o ignora la existencia de todo lo que no pueda captarse por los sentidos, es decir, de todo lo que no es medible físicamente, se opone a la posibilidad misma de una naturaleza ordenada a un fin y preconiza revoluciones (comunista, fascista o nazi) o cambios sutiles que tratan de crear un «hombre nuevo» sin ataduras, atomizado, enteramente diseñado por un Estado que no reconoce distinción entre lo privado y lo público.

En suma, la modernidad rechaza el sentido de la tragedia humana que informaba el pensamiento y la literatura, cristianos y no cristianos, hasta el Renacimiento. A la concepción trágica del hombre heredada de Grecia y del cristianismo, opone la idea de que nada en la naturaleza humana podría detener el progreso hacia la paz, la libertad y la justicia para todos. Este progreso estrictamente humano y terrestre es el *summum bonum* que se pretende va a remplazar la salvación prometida por Cristo.

El siglo XX ha sido el gran laboratorio de la concepción pagana del hombre y se ha saldado con una serie de hecatombes como no había visto nunca la humanidad. En este primer cuarto del siglo XXI, ¿no se podría esperar que se sacase una lección de supervivencia de este fracaso lamentable? ¿No se podría al menos concluir en la necesidad de una mayor desconfianza ante las ideologías modernas, que, en definitiva, no son otra cosa que religiones seculares? Por desgracia, nada indica que vayamos por ese camino. Muy al contrario, nos encontramos hoy ante un nuevo *establishment* tecnocrático, más convencido que nunca de su capacidad para crear un mundo mejor sin Dios. La obra de C. S. Lewis[2] es importante precisamente porque nos proporciona armas intelectuales para luchar contra esta visión diabólica del hombre y del mundo.

---

[2] Una relación de sus libros puede encontrarse en Wikipedia, con indicación de las traducciones disponibles en español.

4.
G. K. CHESTERTON
O EL HOMBRE FELIZ

GILBERT KEITH CHESTERTON ES UN pensador británico que fue novelista, crítico literario, apologista, ensayista, historiador, poeta, filósofo y periodista. El célebre historiador y filósofo francés Étienne Gilson ha dicho de él que era «uno de los pensadores más profundos que jamás haya existido»[1].

Nacido en 1874 en el seno de una familia de la pequeña burguesía londinense, sus padres presentaban un cierto laxismo en el plano religioso, pero se mostraban respetuosos con la ética victoriana, privilegiando la propiedad privada, el sentido de la iniciativa personal y una gran libertad de pensamiento. Después de unos estudios secundarios poco brillantes, Chesterton trató de ganarse la vida como ilustrador y se matriculó en la Slade School

---

[1] «*Chesterton was one of the deepest thinkers who ever existed*». La cita se encuentra en Maisie WARD, *Gilbert Keith Chesterton*, Sheed and Ward, New York 1942, p.620.

57

of Art para aprender dibujo, pero apenas se cuidó de obtener un diploma. Siguió también cursos de literatura en el University College London, pero solo como libre oyente. Aunque nunca cursó estudios universitarios, obtuvo en 1895 su primer empleo en una empresa de prensa londinense y no tardó en alcanzar una cierta notoriedad. En los cuarenta años que siguieron, publicó cerca de cien libros, miles de artículos y cientos de poemas y relatos, además de fundar en 1925 un semanario, el *G. K's Weekly*, y se ocupó de dirigirlo hasta su muerte en 1936. Sus obras completas constan de 37 volúmenes.

En el mundo anglosajón, Chesterton es uno de los autores más frecuentemente citado. La frase más célebre que se le atribuye es la siguiente: «Cuando un hombre deja de creer en Dios, lo que sigue no es que no crea en nada, sino que cree en cualquier cosa». De hecho, esa frase no se encuentra en sus escritos, aunque sea perfectamente conforme con su pensamiento. En boca de uno de sus personajes, el Padre Brown, encontramos que «el primer efecto de dejar de creer en Dios es que usted pierde su sentido común». Esta frase explica con claridad lo que da unidad a la obra de Chesterton y lo que distingue su pensamiento de todas las filosofías modernas a la moda. Chesterton estimaba que nuestra época se caracteriza por la dispersión de los conocimientos en una multitud de disciplinas sin relacionarse unas con otras. Esta dispersión tiene la consecuencia de no entender ya al hombre. Por mucho que pretenda la psicología humana desvelar todo lo que merezca saberse del ser humano, no consigue más que aumentar su confusión:

> Nuestros padres no hablaban de psicología; hablaban de un conocimiento de la naturaleza humana. Pero la tenían;

y nosotros ya no la tenemos. Ellos sabían por instinto todas las cosas que nosotros ignoramos con la ayuda de la información. Porque son precisamente los primeros datos que conciernen a la naturaleza humana los que son ahora ignorados por la humanidad[2].

Esta pérdida de conocimiento de la naturaleza humana constituye una amenaza para la supervivencia de nuestra civilización, porque supone una degradación de todo lo más valioso que tenemos, y sobre todo del matrimonio, de la familia, de la propiedad privada y de la vida misma. Los derechos de la persona, previene Chesterton, no pueden ser respetados si no se consideran como derechos divinos.

Si hay un aspecto de la obra de Chesterton que conviene estudiar, es su antropología. Veremos aquí los principales componentes de sus reflexiones sobre la naturaleza humana, en cinco puntos:

—En el hombre, cuerpo y alma constituyen una unidad indisoluble que le confiere una dignidad que lo distingue del resto de la creación.
—El hombre posee una naturaleza herida por el pecado original.
—El hombre es naturalmente religioso, y el humanismo no puede sustituir a la religión.
—La religión que más conviene al hombre es la que afirma que él está hecho para la alegría, y solo el cristianismo responde a esta exigencia.
—El catolicismo es la expresión más perfecta del cristianismo, como atestigua su capacidad de resurgir en diversos momentos de la historia.

---

[2] *Sidelights*. En vol. 21 de obras completas editadas por Ignatius Press, San Francisco, 1990.

EN EL SER HUMANO, CUERPO Y ALMA
ESTÁN INDISOLUBLEMENTE UNIDOS

Para comprender a Chesterton, conviene sin duda recordar que el espíritu de la época victoriana se parece al nuestro por su materialismo. En *Ortodoxia*, Chesterton hace una dura crítica de la ideología materialista, que él considera como una forma de demencia. «El loco no es quien ha perdido la razón. Loco es quien lo ha perdido todo salvo la razón», de modo que la señal más segura de la locura es una cierta «combinación de plenitud lógica y encogimiento del espíritu». Tal como los locos, los materialistas «ignoran la duda». Mientras que «el hombre verdaderamente sano de espíritu sabe que en él hay algo del loco», el materialista «está seguro de su visión de un mundo simple y compacto, exactamente como el loco está seguro de su equilibrio mental». El loco y el materialista comparten la misma combinación «de una razón expansiva con un sentido común disminuido». Pero lo más grave es que uno y el otro sufren una pérdida de humanidad: «Lo que reprochamos a la teoría exhaustiva y lógica del demente es que, justa o falsa, destruye gradualmente su humanidad. Esta es la misma acusación que dirigimos contra las principales deducciones del materialismo: justas o falsas, destruyen gradualmente su humanidad».

Solo la psicología da fe de la deshumanización que engendra una cultura materialista. La validez de su testimonio está corroborada por el de la historia. Así ve Chesterton, en *El hombre eterno*, el final de Cartago:

> Entre la gente que encontramos en los salones, las cenas o los bailes, los adoradores secretos de Baal o de Moloch no son raros, ya que nuestro mercantilismo procede de una

visión del mundo que fue la de Cartago y provocó su ruina. La caída de la potencia púnica se explica por el error grosero propio del materialismo: la indiferencia frenética ante las realidades del espíritu. A fuerza de despreciar el alma, acaba por ignorar la inteligencia. Realista, no se interesa apenas por la moral más que por esa disposición que se llama moral [...]. Cuando lo que se necesita son hombres, él cuenta sus billetes. Así fueron los príncipes mercaderes de Cartago. No creían más que en la fuerza y el miedo, y la desesperación constituía el fondo de su religión [...]. Cartago cayó por su filosofía, por haber llevado hasta su final lógico las consecuencias de su visión del mundo.

Hoy, Chesterton podría añadir al ejemplo de Cartago los del Tercer Reich y del Imperio soviético, uno fundado sobre un materialismo biológico, el otro sobre un materialismo histórico. Estos dos regímenes, sostenidos por una mayoría de intelectuales occidentales (sobre todo el segundo), pretendían encarnar el final de la evolución humana. El primero durará doce años, el segundo setenta y dos años, su única particularidad será haber matado decenas de millones de seres humanos y haber fanatizado a muchos más.

Para escapar al materialismo reduccionista es necesario, según Chesterton, redescubrir lo que produce el encantamiento del mundo y escapa a lo que captan inmediatamente los sentidos, reconocer que en el hombre hay una parte de misterio, un elemento de indeterminación que no es susceptible de explicación científica. Al hombre le cuesta comprenderse a sí mismo. Todo lo que pasa por el cerebro humano se convierte por ese simple hecho en «una cosa incurablemente misteriosa e infinita [...]. Y por eso todos los intentos de fundar una ciencia de cualquier cosa humana, una ciencia de la historia, una ciencia del folklore o de la sociología son, por su misma naturaleza, no solo desesperados sino locos»[3].

Una de las cosas que distingue al hombre de los demás animales es su facultad de expresarse no solo por el lenguaje, sino mediante manifestaciones artísticas: «El arte es la firma del hombre», explica en *El hombre eterno*. Los modernos dicen que el alma no existe porque no es perceptible por los sentidos. Se les podría responder que la gravedad es una fuerza que tampoco se ve, y sin embargo ninguna persona sensata se atrevería a negar su existencia. Sabemos que esta fuerza existe por sus efectos o manifestaciones, que son muy visibles. Lo mismo se podría decir del arte. Todos tenemos esa experiencia: el arte es la voz del alma. Expresa lo que está oculto e incluso lo que no puede expresarse de ningún otro modo.

El pensamiento moderno, empapado de escepticismo, pregunta entonces: ¿qué podemos saber del alma? ¿Sabemos incluso si es que existe? Chesterton no elude la cuestión:

> El alma humana está habitada por una multitud de voces, como un bosque [...]. En la vida, la salud del espíritu consiste en terminar por concluir que algunas de esas voces tienen autoridad y que otras no la tienen. Es posible que usted tenga ganas de combatir al enemigo o ganas de desertar, una razón para servir a su país o una razón para traicionarlo, la buena idea de hacer pasteles o la idea aún mejor de envenenarlos. El único criterio que conozco para distinguir un argumento o una inspiración de otra es a fin de cuentas este: que todas las nobles necesidades del hombre hablan el lenguaje de la eternidad. Cuando el hombre hace las tres o cuatro cosas para las que ha sido enviado a la tierra, habla entonces como alguien que vivirá eternamente.

---

[3] G.K. CHESTERTON, *Herejes*.

62

Según Chesterton, el arte no puede ser otra cosa que el lenguaje de «alguien que vivirá eternamente» y, por decirlo todo, de un ser creado a imagen de Dios. En *Lo que está mal en el mundo,* define así el arte:

> Dios es quien puede hacer algo de nada. El hombre [...] es quien puede hacer algo de no importa qué. Dicho de otro modo, mientras que la alegría de Dios es la creación ilimitada, la alegría especial del hombre es la creación limitada, la combinación de creación y límites. El placer del hombre consiste en beneficiarse de algunas condiciones, pero también en estar en parte determinado por ellas, estar a medias controlado por la flauta que toca o por el campo que labra. Sacar el máximo partido de las condiciones dadas procura la embriaguez; se podrá estirar esta situación, pero no indefinidamente. Esta tensión fructífera con límites es lo que llamamos el arte.

Se habla hoy de una crisis del arte —de su carácter desencarnado, de su banalidad, de su fealdad—. Tenemos derecho a plantear la cuestión: si existe esa crisis, ¿no es justamente porque el arte es el pulso del alma? El arte salido de la cultura posmoderna, que es esencialmente una cultura de muerte, atestigua lo que somos, nuestras convicciones más profundas y, a fin de cuentas, nuestra desesperanza.

Chesterton insiste sobre el hecho de que el hombre es a la vez alma y cuerpo, tomando buen cuidado de no oponerlos. En su estudio dedicado a santo Tomás, recordando que de san Agustín (siglo V) a san Buenaventura (siglo XIII), el espíritu de la cristiandad era sobre todo platonizante, reprocha a una cierta tradición agustiniana haber privilegiado la dimensión espiritual en detrimento de la dimensión material. «Agustín era, en cierto modo, el heredero de Platón; y Platón, aunque fue grande, no fue infalible». Y como una desviación, incluso pequeña al principio, que toma cada vez mayor amplitud al pasar el tiempo, los teólogos católicos platonizantes han evolucionado hacia algo «muy cercano al maniqueísmo». Esta evolución, o mejor esta deriva, se explica por el hecho de que se da en Platón «la idea de que, en suma, sin nuestros cuerpos, iríamos mucho mejor y que nuestros espíritus etéreos flotando en las nubes contraerían uniones puramente espirituales, como los querubines de los pintores sagrados».

Esta influencia platónica se observa sobre todo en el hecho de que «la antigua escuela de Agustín e incluso de Anselmo [...] trataba al alma como el único tesoro, impedida un tiempo por una envoltura despreciable. Y por eso mismo, siendo más espiritualista, [esta escuela] era menos ortodoxa». Chesterton van incluso hasta detectar en la corriente griega de la teología «una especie de platonismo disecado» que se tradujo en «abstracciones muy nobles en verdad», pero demasiado alejadas de lo concreto, siendo la consecuencia que el *logos* de los griegos bizantinos «era el Verbo, pero no era el Verbo hecho carne». Todo eso da lugar a una tendencia que conduce «al cristianismo naciente a un desprecio del cuerpo muy cercano al misticismo maniqueo».

El gran mérito de santo Tomás, según Chesterton, habrá sido mirar al hombre en toda su humanidad, recordando «que un hombre no es un hombre sin su cuerpo, exactamente como un hombre no es un hombre sin su alma». Más precisamente, Tomás ha comprendido que, a consecuencia de la deriva de una cierta tradición agustiniana, «toda empresa católica devenía precaria y resbaladiza sobre un pueblo pulido por mil años de disciplina rutinaria doctrinal» y que «la fe debía presentarse con una nueva luz». Acudiendo a Aristóteles, Tomás ha salvado «el sentido de lo humano en la teología católica, utilizando lo que, de la filosofía pagana, podía servirle».

¿Qué es lo que distingue a Aristóteles de Platón en este punto? Su modo de concebir la relación del alma con el cuerpo. En Aristóteles, cuerpo y alma constituyen una unidad que se llama el ser humano, siendo el alma la forma del cuerpo más que su prisionera. En Platón, el alma habita un cuerpo ya formado del que se hace cargo. Para Aristóteles, el hombre no es ni un puro espíritu, ni un puro animal: es a la vez e indivisiblemente espíritu y animal. Los agustinianos concebían el alma como una substancia completa y autónoma y, según Tomás, no podían por tanto dar cuenta de modo satisfactorio de la unión substancial de cuerpo y alma. No es nuestro cuerpo el que siente, ni nuestro espíritu el que piensa. Es a la vez el uno y el otro —es el ser humano en su totalidad quien siente y piensa—.

Santo Tomás, «por su amor a la filosofía griega, nos ha protegido de Platón». Y lo que el doctor angélico tiene en común con san Francisco de Asís, el único santo del que Chesterton ha escrito la biografía, es haber «reafirmado la Encarnación y traído a Dios a la tierra». Para subrayar la importancia de la revolución tomista del siglo XIII, Chesterton recuerda que el pensamiento de los primeros teólogos tendía a una cierta desconfianza ante el amor carnal, que hubiese podido conducir a una propagación de la doctrina de los albigenses, caracterizada por un profundo desprecio de la carne. Pero eso no es todo. Si se quiere comprender toda la potencia de la revolución tomista, dice Chesterton, hay que comprender que Tomás no se contentó con integrar un conjunto de conceptos aristotélicos en el contenido de la Revelación cristiana. Lo prodigioso es que, acercando Aristóteles a Cristo, nos transmite una concepción del cuerpo que explica toda su teología:

Esta verdad aporta una nueva razón para considerar los sentidos y las sensaciones del cuerpo humano con una reverencia que hubiese sorprendido a Aristóteles, y que ningún antiguo hubiese comenzado por admitir. Es que el cuerpo no es ya esa cosa muerta que nos han dejado Platón, Porfirio y los místicos de antaño. El alma ha perdido después el derecho de despreciar los sentidos que han sido instrumentos de lo sobrenatural. Platón puede despreciar el cuerpo; pero Dios no lo ha despreciado. Los sentidos han sido realmente santificados, bendecidos como en un bautismo católico. [...] En el momento en que la Encarnación se convertía en el punto central de nuestra civilización, un regreso al materialismo se imponía; es decir, una seria reevaluación de la dignidad de la materia y del cuerpo. Al levantarse Cristo, era inevitable que Aristóteles se levantase también.

Cristianizando a Aristóteles, santo Tomás ha protegido al cristianismo contra el espiritualismo —esa propensión a enredar con abstracciones—. Ha demostrado que no se disminuía en nada la nobleza de la razón afirmando que está informada por los sentidos y que lo esencial de nuestros pensamientos es casi enteramente tributario de lo que vemos, oímos, gustamos y tocamos. Los sentidos suministran cotidianamente a la razón datos fiables, y esta razón, «representante de Dios en el hombre, debe ordenarlos armoniosamente».

Dicho de otro modo, el recurso a Aristóteles era un medio no solo de asentir plenamente a lo que hay de animal en el hombre, sino de educar su dimensión animal asociándola más íntimamente a esta facultad espiritual que es la razón.

Una naturaleza humana herida por el pecado original

Chesterton apela a Aristóteles y a santo Tomás para afirmar la dignidad del hombre, cosa que el materialismo no puede justificar de ninguna manera. Pero se apresura a añadir que esta dignidad no nos debe hacer olvidar que la naturaleza humana es una naturaleza caída. La filosofía tomista «se funda enteramente en la glorificación de la vida, la glorificación del ser, la glorificación del Dios creador del universo», pero esta glorificación no puede eclipsar la realidad del «pecado de Adán». Por eso, «el alma católica debe sostenerse sobre dos planos a la vez, el de la creación y el de la caída».

Dicho esto, no es necesario recurrir a los dogmas de la Iglesia para comprender la realidad del pecado original. Está atestiguado por el hecho de que, incluso visto como un simple animal, el hombre difiere profundamente de los demás animales. Por ejemplo, si la desnudez no le es natural, no es porque deba protegerse contra el frío, sino «por pudor o por el gusto de la vestimenta».

Más generalmente, los hombres han creído siempre que una parte de su vida, sobre todo la que concierne a las relaciones sexuales, debía ser protegida por reglas que le proporcionasen una cierta discreción. Estas reglas no son un asunto de cultura, pues se remontan a los orígenes más lejanos:

Que se refieran, lo más frecuente, a las relaciones entre hombres y mujeres entendidas en sentido amplio, ilustra los dos hechos que regulan nuestra historia desde el origen. El primero es que el pecado original es verdaderamente original. No solo en sentido teológico, sino en el sentido histórico de la expresión, afecta a nuestros orígenes. Cualesquiera hayan sido las creencias de los hombres, han creído que algo en el hombre no funcionaba bien. Este sentido del pecado les ha impedido ir desnudos con naturalidad, y ser naturales sin obedecer a alguna ley. El segundo hecho, padre y madre de todas las leyes, engendrado él mismo por un padre y una madre, más viejo que cualquier otra institución, es la familia.

A quienes pretenden que la doctrina del pecado original procede de una concepción pesimista de la naturaleza humana, Chesterton responde que por el contrario supone una visión más optimista que la de las ideologías modernas, pues estas ven en el mal una fatalidad más que la consecuencia de una voluntad deficiente. Al contrario de estas ideologías, ella afirma que, lejos de estar atrapados en un mundo malo, hemos hecho mal uso de nuestra voluntad, en medio de un mundo bueno:

> Explica el mal por un mal uso de la voluntad y declara así que puede ser corregido por un uso apropiado de la voluntad. Todas las demás creencias salvo esta nos obligan a considerarnos prisioneros del destino. El hombre que adopta esta concepción de la vida comprobará que ilumina millares de cosas sobre las que la ética evolucionista no tiene nada que decir.

Se comprende que Chesterton se asombre de que «algunos teólogos modernos contesten el pecado original, la única proposición de la teología cristiana que puede realmente ser probada». Eso parece aún más extraño, sostiene, porque el pecado original es la mejor justificación que se puede aportar al principio de la igualdad de los seres humanos y un argumento de talla contra el mantenimiento de una aristocracia. Convierte en una tontería la tesis del historiador escocés Thomas Carlyle a favor del principio aristocrático, escribe:

> Carlyle ha dicho que los hombres en su mayor parte están locos. El cristianismo, con un realismo más seguro y más respetuoso, dice que todos están locos. Es lo que se llama a veces la doctrina del pecado original. Se podría también llamar la doctrina de la igualdad de los hombres. Pero el punto esencial es que los peligros morales más graves que amenazan a un hombre amenazan a todos los hombres. [...] Y esta doctrina hace tabla rasa con la creencia conmovedora de Carlyle en una pequeña élite de sabios. No hay élite de sabios. Toda aristocracia se ha comportado siempre, en todas las cuestiones esenciales, exactamente como una pequeña patulea.

El tema del pecado original vuelve constantemente en la obra de Chesterton, porque, según él, su negación está en el origen de la mayor parte de los errores modernos. Es que el relato de la caída «no se refiere solo a la historia de Adán y Eva, sino que es la filosofía eminentemente práctica y profunda que nos dice que lo natural en el hombre no es necesariamente hermoso, ni por cierto necesariamente bueno». Dicho de otra manera, la ignorancia del pecado original no es solo un error teológico, sino también un error antropológico que conduce a las peores aberraciones. Es por su ignorancia de la naturaleza humana por lo que Chesterton reprocha a los utopistas ingleses que preconizaran reformas para suprimir instituciones heredadas del pasado. Su error consiste en olvidar que algunas realidades humanas no se prestan a un examen puramente científico. Refiriéndose sobre todo al célebre H. G. Wells, autor de *La nueva utopía,* le reprocha «comenzar no por el alma humana, que es el primer asunto del estudio del hombre, sino por otra cosa tal como el protoplasma, que es casi el último». Y precisa:

> En su *Nueva Utopía*, dice por ejemplo que un punto capital de la Utopía será la negación del pecado original. Si hubiese comenzado por el alma humana, es decir, si hubiese comenzado por él mismo, habría descubierto que el pecado original es quizá la primera cosa de todas en que había de creer. Habría descubierto, en suma, que una posibilidad permanente de egoísmo resulta de nuestro yo, y no de algunos defectos de educación o de malos tratos. La debilidad de todas las utopías reside en que consideran superada la mayor dificultad del hombre y tratan luego sabiamente de ver la manera de superar las pequeñas.

Chesterton reprocha a los espíritus revolucionarios su desprecio por el hombre concreto y su fijación en una imagen idílica y abstracta de la naturaleza humana. Él se rebela contra los intelectuales que, como George Bernard Shaw, se dejan seducir por el principio nietzscheano de la perfectibilidad el hombre por sí mismo: «M. Shaw pide, no un nuevo género de filosofía, sino un nuevo género de hombres [...]. M. Shaw no puede comprender que la cosa más preciada y la más querida a nuestros ojos es el hombre, viejo bebedor de cerveza, hacedor de religiones, batallador, pecador, sensual, respetable».

Chesterton no niega que el espíritu humano sea susceptible de progreso. Lo que afirma con energía es que este progreso no puede existir más que en el orden intelectual. Se traduce entonces por «el desarrollo de convicciones cada vez más claras, de dogmas cada vez más numerosos». En cuanto al espíritu humano que duda constantemente sin llegar nunca a conclusiones, no puede menos que considerarlo loco:

Se podría definir al hombre: un animal que hace dogmas. Mientras acumula doctrina tras doctrina y conclusión tras conclusión para construir un formidable sistema de filosofía y de religión, se convierte verdaderamente, en el único sentido legítimo del término, en más humano. Cuando, por el contrario, rechaza una por una sus doctrinas con un escepticismo refinado, cuando rehúsa quedar vinculado por algún sistema, cuando declara que ha superado la edad de las definiciones, cuando dice que no cree ya en la finalidad, cuando, en su propia imaginación, se instala como Dios, observando todas las formas de creencia sin compartir ninguna, entonces por este mismo proceder vuelve lentamente al estado vago de los animales errantes, a la inconsciencia de la hierba. Los árboles no tienen dogmas. Los nabos son singularmente amplios de espíritu.

EL HOMBRE ES NATURALMENTE RELIGIOSO

Chesterton está siempre en contra de las explicaciones naturalistas de la religión que se complacían en promover la mayor parte de los intelectuales de su época. Afirma con insistencia que «el sentido religioso es propio del hombre. Solo él ha podido siempre preguntarse, descubrir y esperar. Solo él puede soñar con sus sueños».

Para Chesterton, el hombre es naturalmente religioso. En cada uno de nosotros, dice, hay un *homo religiosus*: «El instinto del alma humana percibe que un loco puede ser autorizado a hacer su propio elogio, pero un hombre sabio debe alabar a Dios. Un hombre que tiene una cabeza que contiene un cerebro debería saber que su cabeza ha sido gratuitamente colocada sobre su parte superior como un sombrero nuevo». Un hombre que posea grandes poderes no puede ignorar que estos le han sido dados que él no los posee en propiedad. Por lo demás, lo que Chesterton dice, ¿no coincide con lo de san Pablo que, en la Epístola a los romanos (1, 20), nos recuerda que las «perfecciones invisibles [de Dios], su eterno poder y su divinidad son, desde la creación del mundo visibles para la inteligencia por medio de sus obras»? La existencia de Dios está atestiguada por lo que percibimos de su poder y su divinidad en la creación.

Que el hombre sea naturalmente religioso es un dato verificado por la experiencia. Los hombres no pueden dejar de preguntarse por su origen y por el sentido de su destino. Basta adoptar una visión amplia y realista de la historia para descubrir que «nada en el fondo es tan natural como lo sobrenatural». Cuando no adora al verdadero Dios, el hombre se inventa ídolos:

> Lo más natural en el hombre es adorar, cualquier cosa sea lo que adore […]. Ya puede el ídolo ser deforme, su postura fea y extraña, la actitud del adorador sigue siendo generosa y bella. Juntando las manos, se siente más libre; prosternándose, se siente más grande. Liberadle de su culto y le encadenáis; prohibidle arrodillarse, y le rebajáis. El hombre que no puede ya rezar lleva una mordaza en el alma.

Respecto al planteamiento de Chesterton sobre el instinto religioso, ayuda a comprender las diferentes formas de fanatismo de las que somos hoy testigos. El hombre moderno, al igual de sus ancestros, no puede subsistir sin esperanza o sin objetivo: «Precisamente porque necesita un ideal, el hombre sin ideal está en permanente peligro de fanatismo». A los autores a la moda que proponen sustituir las religiones tradicionales por distintas formas de humanismo, Chesterton les responde que él no cree que el humanismo pueda sustituir al «sobrehumanismo», y eso a causa de un hecho bien preciso:

Este es el hecho: el mundo moderno [...] vive del capital católico. Utiliza y consume las verdades a las que tiene todavía acceso en el viejo tesoro de la cristiandad. Pero no suscita verdaderamente un nuevo entusiasmo por su credo. Lo que es nuevo son los nombres y las etiquetas, como la publicidad moderna [...]. No lanza nuevas cosas que pueda proyectar lejos en el futuro. Al contrario, amontona cosas viejas que no logra de ningún modo asumir. Es que los ideales morales de la modernidad presentan dos rasgos particulares: primeramente, han sido prestados o arrancados de las manos de la Antigüedad o de la Edad Media; en segundo lugar, se marchitan muy pronto en las manos de la modernidad.

Chesterton estimaba que el mundo moderno era frágil porque no produce nada que pueda ofrecer a los hombres motivos de esperanza. Si él volviese a la tierra, no estaría sorprendido de ver que la modernidad se ha convertido en el curso del último medio siglo en esta realidad cada vez más difusa que se llama *posmodernismo,* que se caracteriza por una ruptura con el pasado, inspirada por una profunda desconfianza ante la tradición y la racionalidad occidentales.

EL CRISTIANISMO ES LA RELIGIÓN QUE MEJOR CONVIENE AL HOMBRE

En *Ortodoxia,* Chesterton quiere «exponer la filosofía a la que él ha llegado». Y precisa: «Yo no la llamaría mi filosofía. No la he hecho yo. Dios y la humanidad la hicieron y ella me ha hecho a mí».

Pero hay una dificultad: «Querer demostrar que una fe o una filosofía es verdadera desde todos los puntos de vista sería una empresa muy vasta incluso para una obra más voluminosa que esta». Va por eso a elegir un camino intelectual más limitado, que consiste en demostrar que su fe responde a una doble necesidad espiritual, la de «una mezcla de lo familiar y lo extraordinario que la cristiandad ha llamado con justicia la novela». Nuestra naturaleza está hecha de tal modo que no puede prescindir de una cierta cualidad novelesca: somos como los niños que, entregándose a juegos donde se transparenta lo inusitado, tienen también necesidad de estar tranquilos en cuanto al mundo que les rodea: «Necesitamos ver el mundo con si conciliase una idea de lo maravilloso y una idea de acogida. Necesitamos ser felices en ese país encantado sin sentirnos nunca cómodos en él».

Esta dimensión de la fe es la que Chesterton intenta iluminar en *Ortodoxia,* designando esta palabra la teología cristiana básica —el *Credo* de los apóstoles—, y no la fe católica. Y lo hace sin tomarse en serio, puesto que presenta su libro como «una broma sobre mí mismo», una historia en la que «yo soy el tonto». Él, Chesterton, no es nada más que «el audaz que ha osado descubrir lo que ya había sido descubierto». He aquí cómo describe su itinerario filosófico y religioso:

Como todos los demás muchachitos solemnes, he tratado de estar por delante de mi tiempo. Como ellos, he querido adelantar unos diez minutos la verdad y me he dado cuenta de que estaba retrasado mil ochocientos años. He forzado la voz en una penosa exageración juvenil para gritar mis verdades. He sido castigado de la manera más apropiada y la más divertida: una vez guardadas mis verdades, he descubierto no que no fuesen verdades, sino que no eran mías. Percibía de golpe el ridículo de haberme creído solo, mientras que era apoyado por toda la cristiandad.

74

[...] Me las ingeniaba para forjar una herejía propia, para descubrir luego, una vez dados los últimos retoques, que esa era la doctrina ortodoxa.

Al final del libro, Chesterton resume su pensamiento diciendo que si ha hecho suya la religión cristiana es «porque ella no se ha limitado a decir tal o cual verdad, sino porque se ha revelado como portadora de la verdad». De todas las filosofías y religiones, ella sola se empeña en repetir lo que es verdadero sin tener la apariencia de lo verdadero:

> Solo esta filosofía convence ahí donde no atrae; tiene razón, como mi padre tenía razón en el jardín de mi infancia. [...] El cristianismo presenta una idea desprovista de atractivo, la del pecado original; pero veamos las consecuencias, estas son: simpatía y fraternidad, explosión de risa y de piedad; pues la consciencia del pecado original nos permite simultáneamente apiadarnos del mendigo y despreciar al rey.

La gran paradoja es que, visto desde fuera, el paganismo parecía infinitamente más seductor que el cristianismo: el uno parece tener todos los atractivos de la salud y la libertad del cuerpo, mientras que «el círculo exterior del cristianismo es una guardia rígida de abnegaciones éticas y de sacerdotes profesionales».

> [Sin embargo], en el interior de este círculo inhumano encontraréis la vieja vida humana, bailando como un niño, bebiendo vino como los hombres; pues el cristianismo es el único marco que conviene a la libertad pagana. La filosofía moderna invierte las posiciones. El exterior del círculo es arte, emancipación; el interior desesperanza. Y si esta filosofía desespera, es que ella no cree verdaderamente que el universo tenga un significado; no puede desesperar y encontrar nada novelesco: sus novelas no tendrán intri-

gas. Un hombre no puede esperar aventuras en el país de la anarquía. Puede esperar toda suerte de aventuras en el país de la autoridad. ¿Qué significación encontrar en una jungla de escepticismo? Pero cuántos significados siempre nuevos para quien atraviesa un bosque de doctrinas donde reina un plan definido. Ahí, todo tiene una historia ligada a su fin, como la tiene cada herramienta.

Por ello, lo que diferencia al paganismo, tanto al antiguo como al moderno, del cristianismo es que el primero es una religión de tristeza, el segundo una religión de alegría. No es que el pagano no haya tenido nunca alegría o el cristiano tristeza. Todo ser humano normal tiene su parte de una y otra. La cuestión es saber dónde se sitúa el equilibrio o el desequilibrio. El veredicto de Chesterton es claro: «Antiguos y modernos habrán tenido en común haber sido desgraciados ante la existencia, ante todo, mientras que los medievales eran al menos felices ante la existencia». El cristianismo no se contenta con afirmar que el hombre está hecho para ser feliz en este bajo mundo. Contrariamente a todas las demás religiones y filosofías, le da los medios para serlo, porque solo él conoce la verdadera naturaleza del hombre:

El hombre es más él mismo, más hombre, cuando la alegría es en él lo fundamental, la pena es lo superficial. [...] Sin embargo, en la óptica del pagano o del agnóstico, esta primera necesidad de la naturaleza humana no podrá ser nunca satisfecha. La alegría debería ser expansiva; el agnóstico la quiere contraída, limitada a un rincón del mundo. La pena debería ser una concentración; el agnóstico la quiere difundida a través de una impensable eternidad. [...] El cristianismo satisface repentina y completamente el instinto ancestral del hombre de atenerse al sentido común. Le satisface plenamente en   que, gracias a su creencia, la alegría se hace gigantesca y la tristeza deviene algo particular y pequeño.

Cuando habla de este modo de la alegría, Chesterton considera que el cristianismo es la vocación natural del hombre, en el sentido de que es aquella a la que el hombre está espontáneamente llamado para realizar su humanidad. En su obra sobre santo Tomás, escribe que hablar del cristianismo o del sentido de lo humano viene a ser lo mismo. En cuanto al paganismo, no es solo un error, sino una pérdida de humanidad. En *El hombre eterno* (*The Everlasting Man*), Chesterton esboza a grandes trazos su filosofía de la historia e insiste sobre la inaptitud de las religiones paganas para responder a la sed espiritual de la humanidad. Describe como sigue el estado del mundo cuando Cristo vino a la tierra:

La gran verdad histórica de ese momento de la historia es que el mundo no podía salvarse a sí mismo [...]. El hombre estaba agotado. Roma, Atenas, Jerusalén y las demás ciudades declinaban como un mar que se deslizara lentamente hacia un abismo sin fondo. Visto desde fuera, el mundo antiguo estaba en su apogeo. Es siempre en ese momento cuando en el fondo comienza el declive [...]. Lo que perecía era la fuerza del mundo. Lo que se alteraba era la sabiduría del mundo [...]. Roma, la legendaria [...], había encarnado el heroísmo más cercano a la caballería. Había defendido los dioses lares y la decencia humana contra los ogros africanos y los monstruos hermafroditas griegos. Pero, a la tormentosa luz de este día, Roma la grande, la República imperial, se hunde, aplastada por el destino que le ha trazado Lucrecia. El escepticismo ha asolado hasta el vigoroso buen sentido de los conquistadores del mundo. «¿Qué es la verdad?» pregunta quien ha recibido la misión de decir lo que es justo. En el momento dramático en que se decide la suerte del mundo antiguo, la conducta de uno de los principales actores parece ser lo contrario de lo que habría debido ser. Roma había sabido, casi siempre, asumir sus responsabilidades. Pero Pilato es como una especie de estatua, para siempre titubeante, de lo irresponsable. El hombre estaba agotado. Todo orden humano parecía vacilar. Entre las columnas de su pretorio, un romano se había lavado las manos ante la suerte del mundo.

Un poco más adelante, Chesterton precisa la naturaleza del mal que roía al mundo antiguo. Aunque no desprovisto de abnegación y de nobleza y con numerosos mártires, héroes y genios, «se disolvía por su incapacidad para discernir que el hombre tenía un alma personal, fundamento de toda verdadera mística». Este movimiento de disolución no era pasajero ni limitado: se inscribía misteriosamente en la trama de la existencia humana: «La multitud siguió a los saduceos y fariseos, los filósofos y los moralistas, siguió a los magistrados imperiales y los sacerdotes judíos, los escribas y los soldados, de modo que el espíritu humano en su universalidad fue pasible de una condena universal, y que el acuerdo fue profundo, pues los hombres, a una sola voz, rechazaron al Hombre». Por eso, la muerte de Cristo representa «el fin del mundo sin Dios» y su resurrección «el primer día de una creación nueva, con cielos nuevos y una tierra nueva».

El catolicismo es la expresión más perfecta del cristianismo

Como muchos protestantes que piden ser recibidos en la Iglesia católica, Chesterton conoció un itinerario un poco complicado. Nacido en el seno de una familia unitarista, fue agnóstico en su adolescencia, se unió al anglicanismo en 1901 donde siguió hasta su entrada en la Iglesia católica en 1922, con cuarenta y ocho años.

En un pequeño libro aparecido en 1926, *La Iglesia católica y la conversión,* explica que el paso del protestantismo al catolicismo se hace generalmente en tres etapas. Primero viene la de condescendencia con la Iglesia, caracterizada por el deseo de juzgarla con equidad y denunciar algunas injusticias respecto a ella, pero guardándose de suscribir lo que la distingue del protestantismo. Luego viene el estadio del descubrimiento, donde uno se da cuenta de que muchos prejuicios sobre el catolicismo son perfectamente erróneos. Este estadio, sostiene Chesterton, es el más agradable, ya que es parecido al descubrimiento de un continente donde abundan a la vez «extrañas flores» y «fantásticos animales». Después viene el tercero donde, aunque fuertemente atraído por la Iglesia, como un trozo de hierro lo es por un imán, no se puede evitar oponer resistencia. Se advierte entonces que uno no puede mostrarse imparcial con la Iglesia sin ser al punto seducido por ella, aunque aún la considere extranjera. Pero una vez pasadas esas tres etapas, concluye Chesterton, «una verdad más importante comienza a abrirse paso».

¿Cuál es esa verdad? Es que «la Iglesia católica es la única realidad que evita a un hombre la servidumbre degradante de ser un hijo de su siglo». Chesterton dice haber encontrado en la Iglesia la verdadera libertad. Todo lo demás le parecía muy estrecho. «Devenir católico», se atreve a proclamar ante una sociedad penetrada de anticatolicismo, «no consiste en dejar de pensar, sino en aprender a pensar». De todas las creencias, «el catolicismo es la única que es absolutamente partidaria de la vida».

Pero es sin duda en *El hombre eterno* donde Chesterton expresa con más elocuencia su convicción concerniente a la Iglesia de Roma. Trata ahí de lo que llama las «cinco muertes de la fe». Entendía por eso que, en cada momento de la historia en que se ha creído que la Iglesia iba a hundirse para nunca más levantarse, ella ha «resucitado» más gloriosa de nunca. En cinco ocasiones, explica, la reaparición del cristianismo ha supuesto una sorpresa tan grande como la resurrección de Cristo:

> Al menos en cinco ocasiones −el arrianismo, los albigenses, el humanismo escéptico, la secuela de Voltaire y la de Darwin− la fe pareció condenada. Y las cinco veces, ella enterró a sus vencedores. [Este] sorprendente renacimiento católico era también un enigma […]. En la medida en que los últimos siglos han visto un debilitamiento de la doctrina cristiana, no han hecho más que volver a ver lo que siglos más lejanos habían visto ya. La última vez, eso terminó como lo hizo en la Edad Media y en los primeros siglos. Ahora está claro […] que el enfriamiento de la fe no está seguido nunca por su desaparición. Lo que sigue es el renacimiento de lo que la tibieza había hecho desaparecer […]. Lo que renace es sencillamente la teología de siempre.

De todos los autores cristianos de los tiempos modernos, Chesterton es quizá el que mejor ha sabido recordar esta palabra de Cristo: «El cielo y la tierra pasarán, pero mis palabras no pasarán» (Mt 24, 35).

CONCLUSIÓN

La idea directriz de la obra de Chesterton, lo que confiere a su pensamiento su unidad y lo coloca por encima de las múltiples filosofías que se han visto nacer y morir desde hace cinco siglos, y sobre todo después de la Ilustración, es que el sentido común es una realidad que desaparece cuando se opone fe y razón. Los filósofos modernos han querido poner la razón en el pináculo y relegar la religión al rango de superstición. Haciendo eso, no solo han debilitado la fe, sino provocado el suicidio del pensamiento y destruido la razón que pretendían defender. Pero no hay que perder la esperanza por eso: la historia de la civilización cristiana presenta un flujo y un reflujo respecto a la palabra de Cristo: al debilitamiento de la fe sucede invariablemente «el renacimiento de lo que esta debilidad había hecho desaparecer».

En el *Diario* de León Bloy, se encuentra, en fecha del 16 de marzo de 1901, una observación de las más proféticas: «El comienzo de este siglo es muy temible para cualquiera que pueda ver, y es preciso abrir los ojos a quienes aún no ven». Toda la obra de Chesterton, se podría decir, es un esfuerzo que trata de abrir los ojos de sus contemporáneos quienes, en su mayor parte, no han sabido presentir o imaginar los horrores del siglo XX. A la Primera Guerra Mundial —la guerra que debía «poner fin a todas las guerras»— le siguió la Segunda Guerra Mundial, después la Guerra Fría, más tarde una multitud de horrores en Asia y en África y, más recientemente, Oriente Medio.

Pero quizá lo más grave es que, en seno mismo de la vieja cristiandad, hay hoy una desesperanza que parece aún peor que en la época de León Bloy. Lo que da toda su actualidad a los escritos de Chesterton es que son un antídoto al mal que parece roernos desde dentro. A los materialistas que dicen que el espíritu humano no es otra cosa que el juego de las iteraciones bioquímicas del cerebro, él responde, dando un puñetazo en la mesa, que tenemos un alma inmortal. A los pretendidos sabios que niegan el pecado original y explican el mal por una insuficiencia de saber científico, él responde que la naturaleza humana está herida, pero con todo capaz de santificación. A los laicistas que afirman que la religión no es más que una muleta que ayuda a los débiles a soportar su desgracia, él recuerda que es por el contrario un instinto del que se sirve Dios para darse a conocer. A los que buscan al verdadero Dios, él les muestra cómo él mismo descubrió la revelación cristiana y cómo concuerda con el sentido común. Y todo esto lo hace con un humor ausente de toda ironía y en un lenguaje accesible.

Étienne Gilson no exageraba al decir que ha sido uno de los mayores pensadores que han existido. Sin duda se podría añadir que su mensaje conviene de modo particular en una época seducida por el nihilismo nietzscheano y el materialismo pesimista.

5.
PETER KREEFT
O LA RAZÓN EN UNA ÉPOCA
DE SINRAZÓN

ESTADOS UNIDOS ES UNO DE LOS PAÍSES raros que posee aún una verdadera *intelligentsia* católica. A los grandes filósofos y teólogos, John Courtney Murray, Fulton Sheen, Avery Dulles y Russell Kirk que, hasta los años 1980, ocupaban un lugar destacado en el seno del mundo intelectual americano, ha sucedido una generación de intelectuales laicos cuyo pensamiento irradia hoy en el conjunto del mundo occidental.

Profundamente influida por pensadores de origen europeo, como Ronald Knox, Romano Guardini, Frank Sheed, G. K. Chesterton, C. S. Lewis, Elizabeth Anscombe, Jacques Maritain, Étienne Gilson, Edith Stein y Michael Polanyi, esta generación está ahora compuesta por figuras que gozan de fama internacional. Sin duda, las más célebres son Richard Neuhaus (fallecido en 2009), Michael Novak (fallecido en 2017), George Weigel, Robert P. George, Alasdair MacIntyre, Robert Royal, Anthony Esolen, Edward

Feser, Mary Eberstadt, Scott Hahn y, por supuesto, Peter Kreeft. De este último hablaremos en este capítulo.

Nacido en 1937, Peter Kreeft es profesor de filosofía en Boston College y en King College (Nueva York). Procedente de una familia protestante, pidió su admisión en la Iglesia católica a los veinte años[1]. Después de los estudios de primer ciclo en el Calvin College, continuó sus estudios de filosofía en la Universidad Fordham, y más tarde sus estudios posdoctorales en Yale. Es autor de unas setenta obras de filosofía y teología, que pueden agruparse en diversas categorías. He aquí la clasificación propuesta por Kreeft:

> *Teología y lógica.* Las obras más importantes de esta categoría son: *Summa Philosophica, Handbook of Christian Apologetics* y *Socratic Logic.* La mejor introducción al pensamiento de Kreeft es la primera de estas tres obras, que se apoya en el método de la *quaestio* inaugurado por Abelardo y utilizado por santo Tomás de Aquino en su *Summa Theologiae,* así como por muchos escolásticos de los siglos XIII y XIV.
>
> *Diálogos socráticos.* Esta categoría comprende obras redactadas en forma de supuestos diálogos entre Sócrates y los principales pensadores modernos. Las más conocidas se refieren a Descartes, Hume, Jesús, Kant, Maquiavelo, Marx, Freud y Sartre.
>
> *La aportación de C. S. Lewis, de J. R. R Tolkien y de Pascal.* Esta categoría está constituida por obras en que Kreeft propone su propia exegesis de estos autores. La más importante de ellas es *Christianity for Modern Pagans: Pascal's Pensées.* Kreeft piensa que ningún apologista sabe responder mejor que Pascal a las preguntas de los paganos desarraigados y confusos que pueblan nuestras universidades.

---

[1] El relato de su paso del calvinismo al catolicismo puede encontrarse en Peter KREEFT, *Hauled Aboard the Ark,* accesible en el sitio web del autor: http://www.peterkreeft. com/topics/hauled-aboard.html.

La guerra de las culturas. Se trata de obras que explican las grandes cuestiones que agitan nuestra época, como el aborto, el relativismo moral, el islam, etc.

Dios y nosotros. Esta categoría incluye una docena de obras dedicadas a diversos aspectos de la búsqueda de la sabiduría, de la vida moral, de la oración y del sentido del sufrimiento. La más célebre es *Making Sense Out of Human Suffering*.

Kreeft está considerado por muchos como el mayor filósofo católico contemporáneo. Se esté de acuerdo o no con este juicio, una cosa es cierta: de todos los filósofos católicos del mundo anglófono, es el más leído. Entre sus lectores, la mayoría son estudiantes universitarios, lo que significa que su pensamiento podría muy bien influir en varias generaciones del porvenir.

La antropología filosófica de Peter Kreeft se presenta como un intento de demostrar que las ciencias naturales y la filosofía representan dos órdenes de conocimiento distintos, pero complementarios. La diferencia entre los dos, que se podría asociar a la diferencia entre conocimiento científico y sabiduría filosófica, no es una cuestión de grado, sino de naturaleza. La ciencia intenta responder a la pregunta: ¿Cuáles son las propiedades físicas de las cosas? La filosofía intenta ir más allá de la ciencia preguntándose sobre la naturaleza última de lo real más que por sus aspectos físicos. La más fundamental de estas cuestiones es la de la metafísica: ¿Qué es lo que es? Viene luego: ¿Qué es este ser que se pregunta sobre lo que es? O más sencillamente: ¿Qué es el hombre?, que corresponde a la antropología filosófica. En tercer lugar, está la pregunta: ¿Qué hacer y qué no hacer?, que es de naturaleza ética. Viene en fin la pregunta epistemológica: ¿Cómo conocemos?

Las cuestiones de ética son sin duda las más interesantes, porque conciernen a nuestra conducta de todos los días. Pero nuestra ética es siempre tributaria de nuestra antropología y nuestra metafísica. No podemos determinar qué conducta conviene al hombre si no sabemos qué es el hombre. Y lo que es el hombre depende a su vez de lo que es ser. Por ejemplo, quien admite que el alma y Dios forman parte de lo real tendrá una antropología y una ética radicalmente diferentes de quien niega la existencia de estas realidades. Las divergencias de puntos de vista sobre el aborto, la eutanasia o el matrimonio homosexual no son solamente políticas y morales, sino ante todo y sobre todo antropológicas y metafísicas.

Hoy la mayor parte de los pensadores defiende una de estas tres antropologías filosóficas:

—El *monismo materialista*, según el cual el hombre se reduce a su cuerpo, no siendo el alma nada más que un fantasma;
—el *dualismo cartesiano*, para el cual el hombre es esencialmente su alma, una substancia inmaterial que habita el cuerpo: un fantasma en una máquina;
—el *unitarismo aristotélico*, que afirma que el hombre es a la vez cuerpo y alma, siendo el alma la forma del cuerpo. En su *De anima*, Aristóteles afirma que el alma «es inseparable de su cuerpo». Pero, en su *Metaphysica*, deja entender que la facultad más elevada del alma —el espíritu— es «inmortal y eterno». Esta concepción ha sido adoptada en la *Summa Theologica* de santo Tomás y, más recientemente, en el *Catecismo de la Iglesia católica*, donde se precisa (n. 365) que «el espíritu y la materia no son dos naturalezas unidas, sino que su unión constituye una única naturaleza».

De estas tres corrientes de pensamiento, el dualismo cartesiano es sin duda la que hoy tiene menos influencia en la cultura. Por mucho que Alexis de Tocqueville, en su obra *La democracia en América,* sostuviera que «América es uno de los países del mundo donde [...] mejor se aceptan los preceptos de Descartes»[2], y los *preachers* protestantes de una cierta época comparasen la relación del alma con la carne con la de un preso en su prisión, la revolución sexual de los cincuenta últimos años ha dado el golpe de gracia a esta triste visión de las cosas.

Por tanto, no hay ahora más que dos antropologías que tengan partidarios: el monismo materialista y el unitarismo aristotélico. Desde hace medio siglo se entregan a una lucha encarnizada que a veces se llama *guerra de las culturas* (*culture war*). La obra de Peter Kreeft quiere ser una defensa y una ilustración de la antropología aristotélico tomista en el contexto de esta guerra cultural. Kreeft forma parte del estado mayor de quienes defienden la tradición judeocristiana contra los asaltos de un materialismo nihilista cada vez más intolerante.

Lo que confiere un relieve particular a su pensamiento es que se despliega en un universo cultural caracterizado por una disminución de la razón y la elevación de la voluntad. Desde Sócrates y hasta principios del siglo XX, todos los filósofos tenían como adquirido que la búsqueda de la verdad constituía la tarea más noble del hombre, y que la razón era el principal recurso para esta búsqueda. Pero como dijo Albert Camus en *L'homme révolté*, «no es la rebelión ni su nobleza lo que impera hoy en el mundo, sino el nihilismo». Desde hace un centenar de años, asistimos a la siembra de un pensamiento nietzscheano donde la voluntad prima sobre la razón: lejos de tratar de comprender lo real para adaptarnos mejor, se nos invita a crear nuestros propios valores y nuestras propias «verdades» a fin de imponerlos a lo real. Como nada existe salvo

---

[2] A. DE TOCQUEVILLE, *La democracia en América*, Rialp, Madrid, 2019.

la materia, nuestro destino consiste no en someternos a *lo que es,* sino más bien a modelarlo según nuestros deseos y ambiciones con la ayuda de las poderosas tecnologías que la ciencia pone a nuestra disposición. La salvación de una humanidad ilustrada, llamada también *progresista,* reside en el dominio de la naturaleza con los medios tecnológicos. La naturaleza humana se concibe no como un dato inevitable e inmodificable, sino como una realidad que se deja modificar según las circunstancias o preferencias de cada uno. Somos llamados a concebir todo lo que nos rodea, comprendido nuestro cuerpo, como la materia prima manipulable a voluntad. La noción misma de naturaleza queda así abolida y remplazada por la idea de que corresponde a cada uno definir para sí mismo lo que es *natural* y lo que no lo es. En esta perspectiva, todo esfuerzo que busque legitimar social o legalmente lo que algunos estimen *natural* se considera como una forma de fascismo.

El culto a la autonomía personal que sustenta esta antropología está ahora profundamente enraizado en nuestras leyes y costumbres. Se encuentra una de sus expresiones más claras en el juicio de la Corte Suprema de Estados Unidos, en 1992, en el caso *Planned Parenthood vs. Casey,* donde el derecho al aborto se definió nada menos que como «el derecho de cada uno a definir su propio concepto de la existencia, del sentido, del universo y del misterio de la vida humana» («*the right to define one's own concept of existence, of meaning, of the universe, and of the mystery of human life*»). Por lo tanto, toda mujer puede determinar si el hijo que ella lleva es un niño o una simple excrecencia perjudicial; todo intento, incluso el más pacífico, de convencerla de que no se trata de una excrecencia perjudicial se considera un atentado contra su libertad. El culto a la autonomía está también en el origen del pretendido derecho al suicidio asistido, que hoy se reconoce en muchos países occidentales. La ilustración más reciente de esta antropología nietzscheana es la teoría de género que, además de negar de plano que el cuerpo humano tenga una naturaleza que le es propia, afirma que no somos hombres o mujeres más que en la medida en que *consentimos* serlo. Toda distinción entre lo femenino y lo masculino en los seres humanos sería, pues, puramente arbitraria —una *construcción social* resultante de relaciones de poder—. Por muy científica que pudiera considerarse, esta antropología representa una especie de supremacía de la subjetividad sobre la objetividad. La anarquía moral que caracteriza nuestra época va acompañada de una verdadera sinrazón metafísica.

Ese es el contexto cultural en el que Kreeft ha elaborado su antropología filosófica. Esta puede describirse según seis grandes principios:

—el valor intrínseco de todo ser humano;
—la diferencia de naturaleza entre el hombre y el animal;
—la existencia del libre albedrío;
—la complementariedad natural del intelecto y la voluntad;
—la unidad de alma y cuerpo;
—la inmortalidad del alma.

TODO SER HUMANO ES UNA PERSONA
QUE TIENE UN VALOR INTRÍNSECO

Kreeft afirma de entrada que cada ser humano, cualesquiera sean sus particularidades es una persona, es decir «un ser racional, consciente de sí mismo». Esta definición, que se encuentra en su *Summa Philosophica*, implica que la categoría «persona» no puede reducirse a la de «ser humano», ya que existen personas que no son seres humanos, por ejemplo, las personas divinas y los ángeles. Dicho esto, todos los seres humanos están dotados de racionalidad y de una consciencia de sí mismos, aunque esta capacidad pueda estar en germen, como es el caso de un niño en el seno de su madre, o limitada, como es el caso de un deficiente mental.

Por muy banal que pueda parecer, esta concepción de la naturaleza humana está en el origen de muchos conflictos. La historia de la humanidad es la de una lucha que enfrenta a dos categorías de gente. Unos son los que piensan que algunos seres humanos son infrahumanos, y por tanto desprovistos de los derechos que confiere la naturaleza humana. A esta categoría pertenecen los esclavistas, los nazis, los islamistas y, más cerca de nosotros, los defensores de un pretendido derecho al aborto o la eutanasia. La otra categoría está compuesta por los defensores de la igualdad entre los hombres y de la libertad humana, que son nociones que proceden exclusivamente de la tradición judeocristiana.

Al insistir en el hecho de que todos los seres humanos son personas, Kreeft pone en evidencia que los militantes *pro-choice* no son defensores de la libertad, como ellos pretenden, sino más bien los mayores homicidas de nuestra época. A sus ojos, la historia los juzgará con la misma severidad que las generaciones de posguerra han juzgado el racismo nazi.

Algunos pensadores contemporáneos admiten que todos los seres humanos son personas, pero rechazan concluir que cada persona posee un valor intrínseco. Según la filosofía empirista, por ejemplo, cada persona está sumergida en un universo en el que cada parte es relativa a todas las demás, nada en el hombre le distinguiría fundamentalmente del resto del universo. En consecuencia, la persona, por grande que sea, está desprovista de todo valor absoluto o intrínseco: su valor no puede ser más que relativo a todo el resto. A eso replica Kreeft que, aunque forme parte de un universo, la persona no puede *reducirse* a una simple pieza de ese universo. Lo atestigua el hecho de que puede conocer algunas verdades concernientes al universo entero e incluso juzgarlo. Este conocimiento y este juicio presuponen una capacidad de abstracción o de objetivación del universo que escapa a este último. Así como la luz no puede ella misma ser un objeto iluminado, la persona que conoce y juzga el universo debe forzosamente trascenderlo. Por consiguiente, las personas no son simplemente partes del universo, aunque formen parte de él.

ENTRE EL HOMBRE Y EL ANIMAL HAY UNA DIFERENCIA DE NATURALEZA Y NO SIMPLEMENTE DE GRADO

Muchos pensadores contemporáneos aceptan la explicación materialista según la cual el funcionamiento del cerebro humano se reduce a un juego de fuerzas biológicas. De la constatación de que el cerebro es la sede del pensamiento y un golpe puede suprimir el pensamiento, concluyen que los actos mentales se explican enteramente por la biología. De donde la idea de que, entre el hombre y el animal, no habría más que una diferencia de grado y no de naturaleza.

¿Qué se puede contestar a esta concepción del espíritu humano? Kreeft recuerda ante todo que, aunque la ciencia llegase a demostrar que la evolución fundada sobre la selección natural es la causa material del cerebro humano, no se podría concluir por eso que esta causa material es la única causa en juego. Por mucho que se pruebe que un texto particular ha sido redactado con la ayuda de una pluma, eso no impide que un hombre animado de un espíritu inmaterial haya empleado la pluma. En segundo lugar, aunque se llegase a demostrar que la evolución es la única causa del cerebro, de eso no se seguiría necesariamente que la evolución fuese la única causa del *pensamiento*. Para legitimar tal conclusión, haría falta en efecto demostrar que el cerebro es la única causa del pensamiento. Y el hecho de que un golpe dado al cerebro pueda suprimir el pensamiento no prueba que el cerebro sea la única causa del pensamiento, como tampoco la destrucción de un micrófono, haciendo inaudible la voz de un orador, prueba que el micrófono sea la causa de la voz.

No contento con demostrar que la teoría de la evolución no justifica una concepción puramente materialista del hombre, Kreeft propone además toda una gama de argumentos para demostrar que las diferencias entre el hombre y el animal son claramente diferencias de naturaleza. Explica, por ejemplo, que los animales tienen una consciencia del mundo de los objetos, pero no de ellos mismos en tanto que sujetos personales. Su consciencia no es autorreflexiva. Por eso, aunque se les pueda inducir a adoptar ciertos comportamientos, no tienen conciencia moral: se les puede hacer sentir una especie de vergüenza, pero nunca tendrán experiencia de *culpabilidad*. Además, los animales no tienen, si hablamos con propiedad, el sentido de la creatividad: el pájaro que fabrica su nido sigue un instinto que es exactamente el mismo de todos los miembros de su especie. Del mismo modo, el lenguaje de los animales no deja lugar a la originalidad o a la evolución y se parece más al instinto que a la invención. Aunque capaces de algunas intuiciones, no son aptos para demostrar nada. E incluso cuando nos referimos a los atributos biológicos como las relaciones sexuales, la alimentación y la muerte, se constata que los hombres otorgan a estas actividades biológicas una significación espiritual que es totalmente extraña en los animales. Estos pasan de todo carácter ceremonial en estos asuntos, lo que no sucede en los humanos.

Parece pues razonable afirmar que las diferencias *biológicas* entre la especie humana y las especies animales son diferencias de grado, pero estas diferencias coexisten con otras de esencia o de naturaleza, que se manifiestan en los atributos espirituales del hombre, los cuales no tienen contrapartida en los animales.

Por supuesto, todo eso no disminuye en nada el valor de la evolución como explicación científica. De hecho, sabemos hoy que los datos de la evolución de las especies concuerdan perfectamente con la interpretación católica del Génesis. La doctrina de la Iglesia según la cual el alma ha sido creada directamente por Dios no contradice en nada la idea de una evolución de la dimensión material del cuerpo humano. Es lo que condujo a Juan Pablo II a hablar de una «interpretación espiritual de la evolución»[3].

EL HOMBRE ESTÁ DOTADO DE LIBRE ALBEDRÍO

Según la concepción materialista o naturalista del hombre, este está desprovisto de libre albedrío. Esta idea encuentra sus raíces en la Reforma protestante del siglo XVI. Tanto en los *Loci communes* de Melanchthon, el gran teólogo

---

[3] Ver Mensaje de Juan Pablo II a los miembros de la Asamblea plenaria de la Academia pontificia de las ciencias, 22 de octubre de 1996.

de la reforma luterana, como en la *Institution de la religion chrétienne* de Calvino, la salvación no tiene nada que ver con la práctica de las virtudes, porque no tiene relación con la libertad o la voluntad humana. Melanchthon llega incluso a negar explícitamente la existencia del libre albedrío. Según él, una conducta virtuosa no puede contribuir en nada a la salvación eterna, porque esa conducta no es más que una consecuencia feliz de la salvación por la fe *en la que solo interviene Dios.*

La mayor parte de los teólogos protestantes estaban firmemente convencidos, y lo siguen estando hoy, de que la concepción católica de la naturaleza humana se apoya en una interpretación de la Sagrada Escritura radicalmente falseada por las filosofías paganas. A su parecer, incluso después de haber sido bautizado, el hombre separado de Dios está atado de pies y manos al pecado y no puede hacer absolutamente nada para salvarse. Sin saberlo, estos reformadores protestantes —que no deben confundirse con los anglicanos— han abierto la vía al materialismo científico, que señala que el hombre forma íntegramente parte del mundo natural y no puede liberarse del determinismo «universal» que rige el mundo de la naturaleza. Admitir la existencia del libre arbitrio equivale, en esta óptica, a negar la universalidad del principio de causalidad, y por tanto las leyes científicas. Conviene señalar, de paso, que la negación del libre arbitrio forma parte integrante de la fe musulmana, que afirma que Dios es la causa exclusiva de todo lo que sucede. Las concepciones de la naturaleza humana del islam, del materialismo y del protestantismo parecen, pues, mucho más estrechamente emparentadas de lo que generalmente se cree. Y, en lo que se refiere al libre albedrío, estas concepciones parecen todas igualmente alejadas de la concepción clásica y católica.

Como advierte Kreeft, si el libre albedrío no existe, ningún discurso moral tendría sentido. Incluso la noción más elemental de justicia pierde toda significación. ¿A santo de qué alabar, reprochar, recompensar, castigar, exhortar, aconsejar o mandar a un ser cuyo estatuto ontológico sería el mismo que el de una máquina o un asno? Y si no hay justicia moral, ¿qué decir entonces de la misericordia, del perdón o incluso del amor?

Kreeft no llega en todo caso a concluir que la ciencia no tenga nada que decir sobre el comportamiento humano. El hombre, como animal racional capaz de acceder a ideas universales, puede trascender la condición animal que comparte con otras especies animales. Aunque racional, no por eso está menos dotado de una naturaleza animal, lo que implica una dependencia respecto a la materia. Por eso conviene distinguir entre lo que Kreeft llama *conditioning causes* (causas que condicionan) y *determining causes* (causas vinculantes). Esta distinción significa que nuestras elecciones, incluso sin estar determinadas, son *influenciadas* por numerosos factores externos (el entorno social o físico), corporales (la herencia) o espirituales (motivaciones). En todo caso, es posible resistir a estas influencias o a estas tentaciones. Si no fuese ese el caso, las nociones de valor, generosidad, desinterés, lucha interior o perseverancia no tendrían ningún sentido. Dicho de otro modo, es posible reconocer a un tiempo la existencia del libre albedrío y la legitimidad de una ciencia de los comportamientos humanos. Se puede ser psicólogo, sociólogo, politólogo o economista sin por eso renunciar al principio del libre arbitrio. Las ciencias sociales y humanas nos hacen descubrir no ya las causas que determinan mecánicamente comportamientos humanos, sino los factores que los condicionan, o los favorecen.

Esta concepción del libre albedrío presupone la de la razón que es contraria a algunas ideologías. Presupone, en efecto, que la razón tiene una capacidad de abstracción (en lenguaje técnico, *el intelecto agente*) que permite pasar del plano de lo sensible al plano intelectual, es decir, de una comprensión de algunos bienes particulares a una comprensión del bien en sí o un bien más genérico, y sacar de ahí principios universales. Esta capacidad de abstraer permite al libre albedrío elegir entre distintas vías o soluciones particulares que conduzcan al bien, o juzgar sobre la adecuación de los medios a un fin particular. Sobre esta cuestión, Kreeft hace suya la concepción del alma en santo Tomás, sobre todo la idea de que el alma humana posee tres propiedades de las que están privados los animales y las plantas: es inmaterial (es decir, puramente espiritual), subsistente e inmortal. En la primera parte de la *Summa Theologica,* santo Tomás justifica su posición:

Para analizar la naturaleza del alma, es necesario tener presente el presupuesto según el cual se dice que el alma es el primer principio vital en aquello que vive entre nosotros, pues llamamos *animados* a los vivientes, e *inanimados* a los no vivientes. La vida se manifiesta, sobre todo, en una doble acción: la del conocimiento y la del movimiento. El principio de tales acciones fue colocado por los antiguos filósofos, que eran incapaces de ir más allá de la fantasía, en algún cuerpo, ya que decían que solo los cuerpos eran algo, y lo que no es cuerpo es nada. Así, sostenían que el alma era algún cuerpo. Aun cuando la falsedad de esta opinión puede ser demostrada con muchas razones, sin embargo, tan solo mencionaremos una por la que, de un modo más general y seguro, resulta evidente que el alma no es cuerpo. Es evidente que no cualquier principio de operación vital es alma. De esta manera, el ojo sería alma, ya que es principio de visión.

Lo mismo puede decirse de otros instrumentos del alma. Pero decimos que el *primer* principio vital es el alma. Aunque algún cuerpo pueda ser un determinado principio vital, como en el animal su principio vital es el corazón. Sin embargo, un determinado cuerpo no puede ser primer principio vital. Ya que es evidente que ser principio vital, o ser viviente, no le corresponde al cuerpo por ser cuerpo. De ser así, todo cuerpo sería viviente o principio vital. A ningún cuerpo le corresponde ser principio vital, o ser viviente en cuanto que es *tal* cuerpo. Pero es tal cuerpo en acto por la presencia de algún principio que constituye su acto. Por lo tanto, el alma, primer principio vital, no es el cuerpo, sino el acto del cuerpo. Sucede como con el calor, principio de calefacción, que no es cuerpo, sino un determinado acto del cuerpo[4].

Dicho de otra manera, no hay que confundir espíritu y cerebro: el primero es la potencia inmaterial o espiritual del cuerpo, el segundo un órgano físico del cuerpo. Tal es la refutación aristotélico tomista del materialismo. El conocimiento es la relación del espíritu que conoce con el objeto conocido. Interviene no solo un objeto conocido, sino también un sujeto cognoscente, es decir que *capta* el objeto conocido. No se puede reducir el conocimiento al objeto conocido. Para conocer x es preciso ser más que x y estar fuera de x. El conocimiento de una cosa no puede ser una de las partes de esa cosa. Y como conocemos muchas cosas del universo, y sobre todo las leyes físicas que lo rigen, somos forzosamente *más* que todo el universo material y no podemos ser reducidos a una de sus partes. Si el alma fuese material, como el ojo, por ejemplo, no podría captar más que cosas físicas, como los fotones de la luz, y no las leyes científicas concernientes a la luz, que

---

[4] *Summa Theologica*, I, q. 75, a. 1. Respuesta.

no son realidades físicas, puesto que son expresiones matemáticas de estas realidades.

A esta concepción del conocimiento y de la razón se opone la del empirismo (la epistemología del materialismo), que afirma que todo conocimiento resulta de sensaciones particulares que la razón somete a un proceso de generalización llamado *inducción*. La tradición empirista pretende que no podemos llegar a un conocimiento de lo real más que a través de sensaciones; las ideas captadas por la razón no son nada más que «copias de las impresiones recibidas por los sentidos». Estas ideas o imágenes mentales pueden comportar una cierta generalidad, pero no tienen la universalidad de los conceptos. La tradición empirista se separa, pues, de la tradición aristotélico tomista, que afirma que accedemos no a *copias* de impresiones sensoriales, sino a lo real propiamente dicho, y esto no solamente por nuestras sensaciones, sino también por la capacidad del intelecto para abstraer de ciertos datos materiales, y por tanto singulares, conceptos universales.

Salido del nominalismo (se olvida esto con frecuencia), el empirismo no admite la existencia del intelecto como operador de sentidos a partir de datos sensibles. En efecto, para los empiristas, no existe nada que no pueda ser captado por los sentidos. Pero el intelecto no puede ser captado por los sentidos, lo que para ellos significa que no existe. Y como solo por el intelecto se puede llegar a los universales, el empirismo está igualmente obligado a negar la existencia de los universales que son lo verdadero, el bien y lo bello, lo mismo que la de cualquier pensamiento deductivo. En otras palabras, el empirismo (se habla también de positivismo o de cientifismo, que son la secuela) afirma que la razón no puede hacer más que *sentir* y *calcular*, lo que significa que no realiza el paso conceptual de lo particular a lo universal, considerando los conceptos generales que tenemos como hábitos de sentir y generalizar. Según David Hume, la razón no es más que «la esclava de las pasiones» –una facultad estrictamente instrumental que indica la vía a seguir para satisfacer los deseos–. El empirismo no admite que la razón permita al libre albedrío elegir *libremente*. La razón puede solo calcular las ventajas e inconvenientes, establecer el *a favor* y *en contra* y determinar el saldo. En consecuencia, no hay ya en realidad *elección*, sino solo un cálculo *utilitario* de ventajas e inconvenientes. Como los animales sienten y los ordenadores calculan, el empirismo concluye que lo que nos diferencia de los animales y los ordenadores es cosa de grado y no de naturaleza.

Kreeft opone a esta visión reduccionista de la razón la concepción clásica heredada del pensamiento griego y la filosofía escolástica. Igual que Joseph Ratzinger (Benedicto XVI), vuelve constantemente en sus escritos a la distinción entre la concepción clásica de la razón y la concepción empirista. En el relato de su conversión, Kreeft explica que debe a un profesor calvinista haber descubierto «la visión católica de la historia de la filosofía, que engloba la tradición griega y medieval y la concepción de la razón que presupone, una concepción no ligera, sino densa». Este descubrimiento, nos dice, le ha revelado tres diferencias importantes entre la razón católica heredada de la sabiduría griega, y la razón protestante salida de la reforma luterana:

En términos técnicos, se trataba del «realismo» (Tomás de Aquino) que se opone al «nominalismo» (Ockham y Lutero). Según el sentido común, era cuestión de prudencia más que de coherencia lógica, de intuición más que de simple cálculo. Me daba cuenta de que un nominalismo superficial y una estrecha *scientisation* (cientifismo) de la razón cartesiana habían infectado la teología protestante. Una segunda diferencia, ligada a la primera, es que los católicos, como sus maestros griegos y medievales, creían aún que la razón era fundamentalmente fiable, que no era indigna de confianza porque estuviese caída. Es verdad que cometemos errores al utilizarla. Pero el instrumento es fiable. Solo nuestro mal uso no lo es. A eso se añade una tercera diferencia: para los católicos, la razón no es solo subjetiva, sino objetiva; la razón, lejos de reducirse a nuestras demasiado humanas reglitas artificiales al servicio de nuestros procesos subjetivos de pensamiento o a nuestras comunicaciones intersubjetivas, es una ventana abierta al mundo. Y no solo el mundo material, sino las formas, el orden, la verdad objetiva. La razón venía de Dios. Toda verdad era una verdad de Dios. Cuando Platón y Sócrates conocían la verdad, el *logos,* conocían a Dios, a no ser que el apóstol Juan haya mentido en el primer capítulo de su evangelio. En la capilla del Calvin College, donde yo estudiaba, he descrito a Sócrates como «un cristiano de la gracia ordinaria» (*common-grace Christian*), escandalizando así sin pretenderlo a las autoridades.

La importancia que da Kreeft a esta concepción de la razón es capital, como atestigua su obra titulada *Socratic Logic.* El subtítulo del libro describe perfectamente de qué se trata: *A Logic Text Using Socratic Method, Platonic Questions, and Aristotelian Principles.* Esta introducción a la lógica se distingue de todas esas que se encuentran en las librerías en que se basa en la disciplina de tres de los más grandes filósofos de todos los tiempos: Sócrates, Platón y Aristóteles. Además de adoptar un enfoque estrictamente filosófico, evita todo tratamiento sistemático de la lógica simbólica o matemática y privilegia la buena y vieja lógica aristotélica, insistiendo sobre todo en el valor del silogismo, que desprecia relativamente el empirismo.

De todas las razones aducidas para justificar la importancia de la lógica aristotélica, la más importante, estima Kreeft, es que «la lógica nos ayuda a encontrar la verdad y que la verdad es su fin propio: merece conocerse por sí misma». Aunque no sea suficiente ella sola para encontrar la verdad, la lógica nos *ayuda* a encontrarla exigiendo, por una parte, que definamos nuestros términos de modo que su sentido sea inteligible y, por otra parte, que demos pruebas convincentes y argumentos válidos. Recordando las tres operaciones de la razón que son la simple aprensión, el juicio y el razonamiento, Kreeft explica que la verdad no puede encontrarse más que en la segunda operación, el juicio; por ejemplo, el juicio según el cual «todos los hombres son mortales». Las otras dos operaciones, la aprensión y el razonamiento, son vías que conducen a la verdad, la primera consiste en comprender el significado de los términos «hombres» y «mortales», la segunda formula el razonamiento: «puesto que todos los hombres tienen un cuerpo animal y que todo lo que tiene cuerpo animal es mortal, todos los hombres son mortales».

La verdad, añade Kreeft, merece ser conocida por ella misma porque perfecciona nuestro espíritu, esta facultad que nos distingue como ser humano y que corresponde a nuestra identidad más profunda. «La verdad es a nuestro espíritu lo que la comida es a nuestro cuerpo».

Kreeft insiste también en que, lejos de ser extraña a la fe, la lógica puede procurarle una preciosa ayuda. En consecuencia, aunque la fe vaya más allá de la lógica, la fe no sabría ser contraria a ella, pues una fe contraria a la lógica no tendría credibilidad. La lógica puede ayudar a la fe de tres maneras.

Primeramente, puede aclarar los artículos de fe y contribuir a definirlos. En segundo lugar, puede deducir las consecuencias necesarias de los artículos de fe y aplicarlos a situaciones difíciles. Por ejemplo, puede demostrar que si, como afirma san Pablo, «todas las cosas concurren al bien de los que aman a Dios» (Rm 8, 28), se sigue necesariamente que incluso las cosas que nos parecen horribles, como el dolor, la muerte y el martirio, concurren al bien. La lógica nos ayuda así a percibir las mayores desgracias con una nueva luz y a asumirlas con valor y serenidad.

En tercer lugar, aunque los argumentos lógicos no pudiesen probar el contenido de la fe, pueden fortalecerlo proponiendo razones de credibilidad. Por ejemplo, si acepto la idea de que «todas las cosas concurren al bien de los que aman a Dios» solo porque así lo aceptan las personas de mi entorno, me arriesgo a no aceptarlo si me alejo de ellas largo tiempo. Pero si tengo motivos fundados para aceptar esta idea, estos motivos, aunque no constituyan una prueba que se impone al espíritu, pueden al menos sostener mi fe cuando me veo en la tormenta. Un espíritu escéptico preguntará sin duda qué argumentos lógicos podrían justificar una afirmación tan contraria al sentido común y a la experiencia de san Pablo. Estos argumentos se refieren a la existencia de Dios, su infinita bondad, su omnipotencia y su sabiduría y, como saben los conocedores de la tradición aristotélico tomista, tienen un valor de prueba y no se apoyan en la revelación divina. En suma, se trata de argumentos estrictamente filosóficos.

La pertinencia de las afirmaciones de Kreeft sobre las relaciones entre fe y razón queda atestiguada por numerosos pensadores y filósofos como Jacques y Raïssa Maritain, André Frossard, Didier Decoin, Maurice Clavel, Gabriel Marcel, Edith Stein, G. K. Chesterton, C. S.

Lewis, Elizabeth Anscombe, Mortimer Adler, Alasdair MacIntyre, etc. que, después de haberse declarado largo tiempo como agnósticos o ateos, han pedido ser recibidos en la Iglesia católica (salvo C. S. Lewis que optó por el anglicanismo). Los testimonios que nos han dejado estos intelectuales a propósito de su conversión son unánimes: lejos de haber sido un obstáculo en el camino que les condujo a la fe, la razón fue para ellos un estupendo guía.

EL INTELECTO NO ES INFERIOR NI SUPERIOR A LA VOLUNTAD, LOS DOS SON COMPLEMENTARIOS

De la existencia del libre albedrío, algunos pensadores han concluido que la voluntad es ontológicamente superior al intelecto, en el sentido de que debe ser la causa primera, sin lo cual no puede ser libre. Otros sostienen que puesto que el amor, que es un acto de la voluntad, es más precioso que el conocimiento, que es un acto del intelecto, la voluntad goza de un estatuto superior al del intelecto.

La posición de Kreeft en este asunto es categórica: el voluntarismo, que consiste en conferir una prioridad a la voluntad sobre el intelecto, es la fuente de las peores aberraciones. De esta manera asume lo que dijo Benedicto XVI en su célebre conferencia de Ratisbona al denunciar la tendencia cada vez más generalizada de confundir fe y fideísmo. Como buen tomista, Kreeft admite que la voluntad puede gobernar y conducir al intelecto, pero que es igualmente verdad que el intelecto gobierna la voluntad, pues esta no puede elegir A mejor que B en tanto que el intelecto no le permita conocer la naturaleza de

A y de B. La voluntad es la causa eficiente del acto del intelecto, pero el intelecto es la causa formal del acto de la voluntad[5].

La voluntad y el intelecto son aspectos de la imagen divina y sus objetos respectivos, la bondad y la verdad, son valores absolutos y atributos divinos. Afirmar que una u otra de estas facultades es superior o inferior a la otra supone que de algún modo están en competencia, mientras que en realidad son indisolublemente complementarias. Nadie puede tener demasiada verdad o demasiada bondad y nadie debería actuar de una manera que vaya contra una u otra.

Entonces, ¿hay que concluir que el conocimiento no es superior al amor (en el sentido de *agapè*)? A esta pregunta, Kreeft responde que amar a una persona es más noble que conocerla, pero que conocer una cosa o un principio es más noble que amarlo:

> El amor atrae y conforma al amante con el bien amado, mientras que el conocimiento somete lo conocido a las exigencias del cognoscente (*knower*). Pues una cosa es conocida conforme a la capacidad de quien la conoce; conocer a Dios, por ejemplo, es conocerle según los límites del espíritu humano. Pero amar a Dios es ser atraído hacia Él y asemejársele más. Así, conocer el helado es ponerle al nivel de un concepto espiritual; pero amarlo, es asemejarnos más a él al colmar nuestro espíritu y nuestros deseos[6].

---

[5] Una causa es eficiente en tanto que produce un efecto (se está en el campo de la acción); una causa es formal en cuanto que constituye aquello de lo que ella es la causa (se está en el campo del ser).

[6] Advierta el lector el humor de esta comparación de Kreeft en su *Summa Philosophica* (N.T.).

Al afirmar la necesidad de distinguir claramente el orden del amor y el del conocimiento, Kreeft precisa que hay un nivel en que los dos tienden a confundirse. Según los filósofos griegos, la razón es lo más noble que hay en el hombre: la razón debe juzgar el amor y debemos amar y vivir conforme a las exigencias de la razón. Sin embargo, la fe cristiana dice que «debemos amar más allá de la razón, como lo hace Dios, con *agapè*, con un amor que no juzga, que no sigue al mérito, sino que lo crea; no conocemos más que si amamos[7]». Hay, pues, un grado de perfección en el conocimiento y en el amor en que los dos vienen a confundirse.

ALMA Y CUERPO NO SON DOS SUBSTANCIAS SEPARADAS

La unidad psicosomática es uno de los fundamentos de la antropología de Kreeft. Si el alma y el cuerpo fuesen dos substancias separadas, hipótesis que se describe a veces como «un fantasma en la máquina», entonces las interacciones entre las dos serían inexplicables. Un fantasma no puede manipular las palancas de una máquina; y los átomos de una máquina o de todo objeto material no pueden causar dolor a un fantasma, pues el fantasma no tiene sensibilidad física. El único modo de explicar los datos de la experiencia humana es el del hilemorfismo: el cuerpo es la materia (*hylè*) y el alma la forma (*morphè*) de esta substancia única que es la persona.

El alma es a la vez una forma substancial espiritual (y por tanto inmortal) y la forma del cuerpo mortal. No

---

[7] Peter KREEFT, *Because God is Real,* Ignatius Press, San Francisco, 2008, p. 38.

tenemos dos almas, sino una sola. Es la misma forma única (el alma) en nosotros quien anima la materia, quien le procura una energía vital y quien la constituye en una unidad orgánica viviente capaz de razón y libre albedrío. El alma existe para un cuerpo y es ella quien le da vida.

Que el hombre sea un compuesto de alma y cuerpo queda atestiguado por el hecho de que experimentamos necesidades no solo físicas sino también espirituales. Tenemos ganas de comer y beber, de dormir y de unirnos sexualmente, pero tenemos también hambre de alimento espiritual, como la verdad, la bondad, la belleza, la sabiduría y la amistad.

EL ALMA HUMANA ES INMORTAL

Kreeft aborda la cuestión de la inmortalidad del alma en varias obras, pero es en *Handbook of Christian Apologetics* donde la trata de modo más sistemático. Dedica todo un capítulo, donde refuta en primer lugar los distintos argumentos contra la inmortalidad del alma, sobre todo los del materialismo, luego expone no menos de veinticinco argumentos a su favor: tres argumentos de autoridad, el más importante de estos es la casi unanimidad de los seres humanos sobre la existencia de vida después de la muerte, doce argumentos fundados únicamente sobre la razón, dos de ellos sacados de Platón, y diez argumentos fundados sobre la experiencia humana, que comprende el argumento sobre el estado de muerte inminente y la apuesta de Pascal.

Lo que importa subrayar es que todos estos argumentos no autorizan nunca a concluir que los seres humanos sean esencialmente espíritus desencarnados. Kreeft multiplica los argumentos para demostrar la inmortalidad del alma, pero insiste también en la importancia del cuerpo, de la carne y los sentidos en la tradición aristotélico tomista. Aparte del cristianismo, ninguna religión promete la resurrección del cuerpo. Y en el seno del cristianismo, ninguna tradición privilegia más la dimensión corporal, carnal, de la persona que la tradición católica. El catolicismo, escribió un día Chesterton, es un bistec, un vaso de cerveza y un buen cigarro. Creía necesario decir eso, no porque fuese materialista, sino porque un gran desprendimiento de lo corporal nos hace perder el sentido de la encarnación.

Los argumentos que esgrime Kreeft para justificar la noción de inmortalidad del alma presuponen la unidad de alma y cuerpo. Quien no acepte este principio difícilmente podrá convencerse por sus argumentos.

Conclusión

El pensamiento de Kreeft tiene hoy una importancia capital porque permite resistir ante el imperialismo del materialismo científico. Ningún progreso científico puede ayudarnos a responder a la pregunta: ¿qué es el hombre? Solo una reflexión filosófica permite responderla y legitimar racionalmente la dignidad de la persona humana.

El problema es que la filosofía está hoy desacreditada, mientras que la ciencia goza de un prestigio y un poder sin igual. La cultura moderna se inclina ante ella como ante ninguna otra cosa. Aunque la ciencia sea una actividad noble y deseable, nos están llevando a hacer de ella un ídolo. En el mundo universitario y en los medios, el materialismo científico (o naturalismo metafísico) hace ahora las veces de religión: se tiene como algo sabido que no hay otra verdad que la científica, lo que implica que Dios no sería más que el producto de una imaginación inmadura, la noción del hombre creado a imagen y semejanza de Dios no más que una veleidad del espíritu. Pero entonces, lo que queda suprimido es el fundamento mismo de los derechos del hombre. Ni la ciencia ni el materialismo científico pueden justificar la noción de dignidad inherente a la persona humana, que es hoy azotada no solo por el aborto y la eutanasia, sino también por la degradación del matrimonio.

En este campo, como en muchos otros, es Nietzsche —este filósofo al que siguieron los jefes nazis en la Alemania de los años 1930— quien fue el primero en comprender todo lo que suponía la muerte de Dios decretada por el materialismo científico. Nietzsche comprendió que la indiferencia ante Dios o su negación implica lo que él llamaba «una ausencia total de hechos morales», que definía como sigue:

El juicio moral tiene en común con el juicio religioso creer en cosas que no existen. La moral no es más que una interpretación de algunos fenómenos o, hablando con propiedad, una interpretación errónea. Como el juicio religioso, también el juicio moral pertenece a un nivel de ignorancia en que el concepto mismo de lo real, la distinción entre lo real y lo imaginario, falla, de modo que, en este nivel, la palabra «verdad» no significa nada más que cosas que hoy llamamos «fantasmas»[8].

En suma, Nietzsche comprendió que la noción de derechos de la persona es tributaria del cristianismo y de su

---

[8] La cita se encuentra en *Nietzsche Werke: Kritische Gesamtausgabe*, Berlín, 1969.

antropología filosófica. Lo queramos o no, estamos hoy obligados a elegir entre una concepción empírico materialista de la naturaleza humana, que obtiene la mayoría de los votos en el seno de nuestras élites universitarias y culturales, y que permite justificar las peores aberraciones, y una concepción aristotélico tomista de esta naturaleza, que es minoritaria en el seno de la *intelligentsia*, pero que es la única que permite fundamentar racionalmente los derechos del hombre. Precisamente por eso, la antropología de Kreeft constituye una defensa y una ilustración.

6.
JOHN HENRY NEWMAN
O LA RESPUESTA
AL ESCEPTICISMO FILOSÓFICO

NACIDO EN 1801, A COMIENZOS DE LAS guerras napoleó-
nicas, y fallecido en 1890, en el apogeo de la época victoriana y de la *Pax Britannica,* John Henry Newman es una de
las más ilustres figuras del siglo XIX. En el curso de una vida
larga y ajetreada, fue el testigo privilegiado de la emergencia
de movimientos intelectuales que transformaron profundamente la concepción que tiene de sí mismo el hombre
moderno.

Su época es la de Karl Marx, que emprendió la tarea de
adaptar las ideas de Hegel y someterlas a un ideal revolucionario, poniendo así los fundamentos de una ideología
que llevaría pronto a la destrucción de decenas de millones de vidas humanas. Es también la de Charles Darwin,
que propuso su teoría de la evolución de las especies, dando el golpe de gracia a la noción de progresismo biológico
y al esnobismo cronológico que es su inevitable corolario.
Es la de Auguste Comte, que proclamó alto y fuerte que

la naturaleza del hombre es una cuestión de poco interés, pues solo la ciencia puede hacer evolucionar el espíritu y guiar a la humanidad. Es la de Friedrich Nietzsche, que declaró sin más que Dios ha muerto, abriendo la vía a la deificación del hombre. No sorprende, pues, que la Europa del siglo XIX haya sido presa de las llamas revolucionarias de un nacionalismo y un socialismo exacerbados. El siglo de Newman es por excelencia el de la duda en materia de religión y, en consecuencia, el de las ideologías. Después de corroer la legitimidad de un orden milenario fundado sobre el derecho natural, estas ideologías han sembrado la semilla del nazismo y del comunismo internacional, que tantos estragos causaron en el siglo siguiente y cuyos efectos perversos persisten aún hoy.

Paralelamente a estos cambios en el orden del pensamiento, el Imperio británico ejercía su dominio político y militar alrededor del mundo y abría el camino a la primera experiencia de globalización, caracterizada por un fuerte crecimiento del comercio internacional y de los movimientos migratorios.

Newman ha vivido en una época de grandes cambios y profundas puestas en cuestión. Pero, por paradójico que pueda parecer, estos trastornos fueron acompañados en la sociedad británica de una verdadera recuperación del fervor religioso y de lo que algunos autores han llamado un *Catholic Revival* —una especie de renacimiento católico[1]—. Newman ocupa un lugar destacado en este movimiento y no es exagerado decir que ha sido su padre fundador.

---

[1] Véase la obra de Ian KEER, *The Catholic Revival in English Literature, 1845-1961*, una colección de seis ensayos sobre seis autores: John Henry Newman, Gerard Manley Hopkins, Hilaire Belloc, Gilbert Keith Chesterton, Graham Greene y Evelyn Waugh.

A comienzos del siglo XIX, la Iglesia católica en Inglaterra estaba completamente marginada y sus fieles considerados parias. En el curso de los últimos veinte años del reinado de Enrique VIII, que falleció en 1547, y hasta los años 1670, muchos católicos habían sido condenados a muerte por su fe: de donde se cuentan más de un centenar de mártires ingleses beatificados o canonizados, sin hablar de los cientos cuyos sacrificios últimos nunca fueron oficialmente reconocidos por la Iglesia. En la ola de la revolución llamada «Gloriosa» de 1688, el rey católico Jacques II, anterior duque de York, había sido obligado a exilarse a Francia, lo que condujo a sus partidarios, llamados *jacobitas*, a oponerse a su sucesor Guillermo de Orange, negándose a jurarlo. Es en esta época cuando John Locke publicó su célebre *Carta sobre la tolerancia* en la cual, abogando por la libertad religiosa, declaraba que dos categorías de personas —los ateos y los católicos— no debían beneficiarse de ninguna tolerancia. En cuanto a los anglicanos, su iglesia estaba dirigida por obispos nombrados por el gobierno y un buen número de ellos formaban parte de la Cámara de los lores en virtud de su función episcopal.

Los jacobitas intentaron más de una vez restaurar a una dinastía católica en el trono de Inglaterra. La primera tentativa tuvo lugar en 1690 y terminó con su derrota en la batalla de la Boyne, en Irlanda. Las otras fueron también desgraciadas; la última, la de Culloden, tuvo lugar en Escocia en 1746. Esta batalla marca el final de toda esperanza de una restauración de la línea católica de los Estuardo en los tronos de Escocia e Inglaterra. Las pocas familias inglesas que, a pesar de más de doscientos años de vejaciones y persecuciones, habían conservado la fe católica se resignaron a vivir al margen de la sociedad, privadas de todo acceso a las instituciones públicas y a las

universidades. Hicieran lo que hiciesen, no podían librar-
se de la sospecha de deslealtad que mantenían sobre ellas,
no solo la clase dirigente, sino también la casi totalidad
del pueblo inglés. Hasta 1829, año de la adopción por
el Parlamento de una ley sobre la emancipación de los
católicos, estos no podían ser elegidos para el Parlamento
ni ocupar un puesto en la administración pública, ni incluso ejercer una profesión liberal. En suma, los católicos
ingleses estaban reducidos al rango de lo que se llamaba
entonces *ciudadanos de segunda clase* (*second-class citizens*), es
decir personas discriminadas sistemáticamente.

Este es, a grandes rasgos, el mundo en que nació Newman y donde fue llamado a jugar un papel fundamental.

LA CONVERSIÓN AL CATOLICISMO

La conversión de Newman en 1845, es decir, dieciséis
años después de la adopción de la ley sobre la emancipación, fue el punto de partida de un renacimiento de
la fe y la cultura católicas en el mundo anglófono. Antes
de su conversión, el catolicismo estaba considerado en el
espacio cultural británico, e incluso en Estados Unidos,
como una religión extranjera, conveniente sobre todo a
los espíritus simples sobre los que no había llegado aún el
espíritu de la *Ilustración*. La cultura británica se caracteri-
zaba entonces por una actitud de benévola superioridad
ante los países de tradición católica, principalmente Italia,
España y Portugal. A medida que declinaba la influencia
internacional de estos países, en particular en América del
Sur, y que crecía la de Gran Bretaña en Asia y en África,
la visión de un orden mundial regido por la potencia británica, sostenida por una marina de guerra aparentemente

114

invencible, era compartida ampliamente por la opinión pública, convencida de que Gran Bretaña tenía una misión providencial: la de civilizar el mundo. El canto patriótico *Rule Britannia* y el poema *The White Man's Burden* de Rudyard Kipling expresaban perfectamente ese sentimiento.

Pero he aquí que, en esta coyuntura política y cultural de fuerte sabor imperial, Newman, unánimemente considerado como el más brillante espíritu del mundo universitario inglés y de la Iglesia anglicana, había decidido pasar al campo de los católicos romanos. Su conversión tuvo el efecto de una bomba. Planteaba un problema existencial: ¿Cómo explicar que un espíritu tan distinguido, una inteligencia tan elevada, pudiese, en la cima de su carrera, someterse a las pretensiones dogmáticas y doctrinales de la vulgar tradición «papista»?

Para comprender la conversión de Newman, conviene recordar que él había considerado desde hacía tiempo el anglicanismo como una especie de *vía media,* es decir, una posición intermedia entre el protestantismo y el catolicismo. Newman se oponía a las diferentes formas de protestantismo luterano, calvinista y metodista, juzgándolos viciados por el liberalismo, que conducía a un abandono de la Tradición y de los Padres de la Iglesia. El liberalismo que criticaba Newman corresponde a lo que se llama hoy *secularismo* en el mundo anglosajón, *laicismo* en general y *escepticismo filosófico* en algunos medios universitarios. En su *Apología,* resume el liberalismo en dieciocho proposiciones, las cuatro primeras las formula así:

1. Ninguna creencia religiosa es importante, a menos que la razón nos pruebe que lo es.
2. Nadie puede creer lo que no comprende. Así que no hay ningún misterio en la verdadera religión.

3. Ninguna doctrina teológica es otra cosa que una opinión sostenida por grupos humanos. Así que ningún símbolo, en tanto que símbolo, es necesario para la salvación.

4. Un hombre comete una acción deshonrosa haciendo un acto de fe sobre lo que no le ha sido demostrado mediante una prueba decisiva. Así que el común de los hombres no debe creer de una manera absoluta en la autoridad divina de la Biblia.

En cuanto al catolicismo, Newman le reprochaba lo que él percibía como innovaciones supersticiosas aparecidas al paso de los siglos, sobre todo en lo que concierne «a la Santa Virgen, los santos y el purgatorio». Por otra parte, veía en la Iglesia anglicana una rama de una tríada católica, las otras dos ramas eran la Iglesia ortodoxa griega y la Iglesia romana.

Pero en 1839, estudiando los primeros siglos de la Iglesia, y en particular la situación de los monofisitas en el siglo V, se da cuenta de que la posición del anglicanismo es insostenible. Queda profundamente trastornado, como afirma en su autobiografía:

Era difícil mantener que los [...] monofisitas fuesen heréticos, sin que los protestantes y anglicanos también lo fuesen; difícil encontrar argumentos contra las ideas del concilio de Trento, que no eran contrarias a las de los Padres del concilio de Calcedonia; difícil condenar a los papas del siglo XVI sin condenar a los del siglo V. El drama religioso y el combate entre la verdad y el error han sido los mismos desde toda la eternidad. Los principios y los procedimientos de los herejes de entonces eran los de los protestantes de ahora [...]; había un terrible parecido [...] entre los anales muertos del pasado y la febril crónica del presente.

Pero Newman no abandona por eso el anglicanismo. Dos años más tarde (1841), como jefe de filas del Movimiento de Oxford que defendía las doctrinas de la Alta Iglesia (*High Church*) anglicana, redacta el famoso *Tract 90* para demostrar que los treinta y nueve artículos de 1571, que definen las características propias de la doctrina anglicana, concuerdan con los principios católicos. Pero ese *tract* es muy mal acogido por el *establishment* anglicano, y Newman se ve obligado a concluir que su deseo de integrar en el anglicanismo algunos elementos de la tradición católica romana se estrella contra un muro. Dimite de sus funciones universitarias y se retira a Littlemore, un pueblecito cercano a Oxford, para proseguir sus búsquedas y, sobre todo, para traducir las obras de san Atanasio.

Pero he aquí que esas obras vienen a confirmar lo que él ya presentía: «Vi entonces claramente, escribe, que, en la historia del arrianismo, los arrianos puros eran los protestantes, los semiarrianos eran los anglicanos, mientras Roma era ya lo mismo que es hoy. La verdad no estaba en la *Vía Media*, sino en lo que se llamaba el «partido extremista». A este descubrimiento se unió otro: los añadidos hechos por Roma al símbolo primitivo, que los anglicanos reprochaban a la Iglesia católica haber inventado completamente, no son en realidad más «que los desarrollos legítimos y necesarios del fecundo depósito que le ha sido confiado». En suma, lejos de ser innovaciones injustificadas, son el fruto de un progreso intelectual y espiritual perfectamente acorde con la tradición. Y, sobre todo, no entorpecen de ningún modo la relación entre Dios y su criatura. «Desde mi infancia, explica en su *Apología*, me habían llevado a considerar que mi Creador y yo, su criatura, éramos los dos únicos seres […] *in rerum natura* […]. Yo no sabía entonces lo que ahora sé perfectamente: que la Iglesia católica no permite a ninguna imagen de ninguna especie [...], a ningún santo, ni incluso a la misma bienaventurada Virgen María, interponerse entre el alma y su Creador».

Es en medio de estos descubrimientos cuando Newman pide ser recibido en la Iglesia católica en 1845. Esta conversión, según hemos visto, provocó una onda de choque en el mundo anglicano, pues no podía menos que sembrar la duda sobre los fundamentos y los prejuicios del anglicanismo. Unos trescientos anglicanos, entre ellos varios de alto rango, decidieron seguir a Newman en su paso a Roma. Miles hicieron lo mismo en los decenios siguientes. En la misma época, miles de inmigrantes irlandeses, huyendo del hambre que asolaba su país, vinieron a establecerse en Inglaterra. Fue así como, por el efecto simultáneo de la conversión de personalidades inglesas de alto nivel y las migraciones de irlandeses pobres, el catolicismo conoció en Reino Unido un nuevo auge cultural que iba a durar más de un siglo. En el plano literario, se manifestó en los escritos de grandes autores convertidos al catolicismo como Gerard Manley Hopkins −considerado como el poeta más destacado de la época victoriana−, Oscar Wilde, Ronald Knox, Robert Hugh Benson, G. K. Chesterton, Evelyn Waugh, Graham Greene y J. R. R. Tolkien. Es difícil imaginar que, sin la conversión de Newman, estos autores pudiesen suscitar las resonancias profundas que conocemos en el mundo anglófono de siglo XX. No sorprende que la Iglesia le llevara a los altares en 2010.

Pero la herencia de Newman no se limita al mundo literario y conviene subrayar su aportación como teólogo y filósofo. Una de estas preciosas aportaciones es sin duda su *Ensayo sobre el desarrollo de la doctrina cristiana*, la

118

última obra que redactó antes de su conversión. El cardenal Ratzinger (futuro papa Benedicto XVI) destacó su importancia en un discurso pronunciado con ocasión del centenario de su muerte. Afirmaba entonces que la doctrina de Newman sobre el desarrollo del dogma había sido «una contribución decisiva a la renovación de la teología». Más precisamente, añadía, Newman «pone en nuestras manos la llave que nos permite incluir el pensamiento histórico en la teología, mejor, nos enseña a pensar la teología históricamente, dándonos la posibilidad de reconocer la identidad de la fe a través de sus cambios». Estas últimas palabras —*la identidad de la fe a través de sus cambios*— revisten una importancia particular, pues nos recuerdan que Newman no veía conflicto entre cambio y permanencia, novedad e identidad. El cambio para él no tiene sentido si no se inscribe en un desarrollo natural u orgánico. El pensamiento teológico o filosófico está llamado a desarrollarse como el arbusto a convertirse en un árbol majestuoso. Nada es más extraño al pensamiento newmaniano que la idea de una ruptura con el pasado.

LA DOCTRINA NEWMANIANA DE LA CONCIENCIA

Otra aportación fundamental de Newman concierne a su doctrina sobre la conciencia. Esta constituye el fundamento de su antropología, nada ha contribuido más a la difusión de su pensamiento. Se la encuentra un poco en toda su obra, y sobre todo en sus *Sermones parroquiales,* sus *Sermones universitarios,* su *Gramática del asentimiento* y su famosa *Carta al duque de Norfolk.* En el discurso ya mencionado, el cardenal Ratzinger declaró que la doctrina de la conciencia de Newman había sido para él y los seminaristas alemanes de su generación «la base del personalismo teológico que nos atraía a todos por su encanto». En otro contexto, Ratzinger estima que Newman concede a la cuestión de la conciencia «una atención de la que se había perdido la costumbre en teología católica sin duda después de san Agustín». Este parentesco espiritual e intelectual de Newman con san Agustín ha sido también subrayado por uno de sus grandes exégetas británicos, Edward Sillem, para quien «Newman es un escritor que supera en esta cuestión a cualquier otro, salvo quizá san Agustín, a quien se parece en muchos aspectos».

Newman concibe la conciencia como una especie de punto de encuentro entre Dios y el hombre, y afirma que es precisamente este encuentro lo que constituye la esencia del cristiano. El verdadero cristiano es quien «tiene fe en Dios hasta el punto de vivir en el pensamiento de esta presencia en él —presencia [...] en el fondo de su corazón, o en su *conciencia* [...]—. Él solo admite a Cristo en el santuario de su corazón, mientras que otros desean [...] tener un hogar, una habitación, un tribunal, un trono, un "yo" donde Dios no está»[2].

Cuando se trata de Newman, a muchos les gusta citar un pasaje de su célebre *Carta al duque de Norfolk* sobre el brindis de la conciencia: «Si, después de una cena, estuviera obligado a pronunciar un brindis religioso —cosa que evidentemente no se hace—, bebería por la salud del papa, podéis creerlo, pero en primer lugar por la conciencia, y luego por el papa». La carta en cuestión, escrita en respuesta a un panfleto de William Gladstone, jefe del partido liberal y antiguo primer ministro, que pretendía

---

[2] E.J. SILLEM (ed.), *The Philosophical Notebook of John Henry Newman*, Louvain 1969, vol 1 p. 5: «*General introduction to the Study of Newman Philosophy*».

que los católicos romanos no podían ser súbditos leales de la Corona, se menciona con frecuencia para justificar la concepción puramente subjetivista de la conciencia que pretenden los defensores del relativismo moral. Sin embargo, como ha subrayado el cardenal Ratzinger, la doctrina newmaniana de la conciencia se inscribe «en la línea agustiniana, y no en la de la filosofía subjetivista de los tiempos modernos». Basta, para convencerse, leer el capítulo V de la *Carta al duque de Norfolk,* donde Newman, después de recordar la definición que da santo Tomás de Aquino de la ley natural, añade: «Esta ley, en cuanto es aprehendida por espíritus humanos individuales, la llamamos la conciencia». Y como se trata de una ley, «posee incluso como tal un derecho a ser obedecida». En consecuencia, «nunca está permitido actuar contra nuestra conciencia». Según Newman, este carácter imperativo de la conciencia es común a los protestantes y católicos:

[En efecto, unos y otros la conciben] como la voz de Dios, que viene del fondo del hombre y habla a su corazón, y que es distinta de la Voz de la Revelación. Ellos ven en la conciencia un principio enraizado en nosotros, anterior a toda forma de educación, aunque la educación y la experiencia sean necesarias para su desarrollo [...]. La consideran un elemento constitutivo del espíritu, un poco con el mismo título que la percepción de las ideas o que la capacidad de razonar [...]. La consideran [...] como un testigo interior a nosotros mismos de la existencia de Dios y de su ley. Creen que viene de Dios y no del hombre. Para ellos como para nosotros, la conciencia no es más que un conjunto de principios naturales más primitivos que la naturaleza misma. Es una ley de nuestro espíritu, pero que supera de algún modo nuestro espíritu [...] y que está dotada de una espontaneidad que la distingue del resto de la naturaleza. [...] Es la mensajera de Quien, en el mundo de la naturaleza como en el de la gracia, nos instruye y nos gobierna, por sus representantes. La conciencia es el primero de todos los vicarios de Cristo. Es el profeta que nos revela la verdad, el rey que nos impone sus órdenes, el sacerdote que nos anatematiza y nos bendice. Aunque el sacerdocio eterno de la Iglesia llegase a desaparecer, el principio sacerdotal sobreviviría a esta ruina y proseguiría, encarnado en la conciencia.

Si Newman cree que la conciencia está «dotada de una espontaneidad que la distingue del resto de la naturaleza», eso significa que reclama para ella un estatuto tan elevado como el de la razón o de la imaginación. Por consiguiente, la conciencia deviene un aspecto fundamental de su concepción de la naturaleza humana. En la *Gramática del asentimiento*, Newman retoma estas mismas ideas con más fuerza aún. De una parte, afirma que «la conciencia no se apoya sobre ella misma, sino que [...] discierne una sanción más alta que ella misma para sus decisiones», lo que explica «que tengamos la costumbre de hablar de la conciencia como una voz [...] o el eco de una voz imperativa y obligatoria como no lo es ningún otro mandato en toda nuestra experiencia». De otra parte, Newman pone en evidencia el carácter propiamente universal de esta voz interior. Después de subrayar que los fenómenos de la conciencia «contribuyen a imprimir en la imaginación una imagen de un Gobernador supremo, y de un Juez, santo, justo, poderoso, que lo ve todo, que da a cada uno lo que le es debido», precisa que la imagen en cuestión no es reducible a un dato cultural, sino que está enraizada en lo más hondo de la naturaleza humana:

Este dogma solemne [es decir, la afirmación de la conciencia como voz de Dios en nosotros] es [...] reconocido como tal por la gran masa, tanto de los jóvenes como de la gente sin cultura, por el pequeño número de las personas religiosas y por el gran número de las irreligiosas. Es proclamado en la historia y la literatura de las naciones; ha tenido sus defensores en todas las épocas, en todos los lugares, en todas las creencias [...]. Incluso filósofos que han sido antagonistas en otros puntos están de acuerdo en reconocer la voz interior de este «Admonitor» solemne, personal, perentorio, que no discute.

Pero la conciencia no es únicamente la voz de Dios en nosotros, pues esta voz tiene por objeto guiar nuestra conducta en la vida cotidiana. Por eso «ella mira directamente al actuar humano, concierne a cualquier cosa que se debe hacer o no se debe hacer». A este propósito, Newman cita el pasaje de la *Summa Theologica* donde santo Tomás define la conciencia como «el juicio práctico o el precepto de la razón, por el cual juzgamos lo que es conveniente hacer *hic et nunc* para cumplir el bien y evitar el mal». Newman se encuentra así acudiendo por su cuenta a la distinción tomista entre sindéresis y conciencia, designando la primera una disposición inherente a la naturaleza humana que la hace tender naturalmente al bien y a apartarse del mal y que presupone la existencia de normas morales universales, la segunda es un juicio de la razón práctica que aplica estas normas a una situación particular. La primera nos hace descubrir a Dios como medida del bien y del mal, la segunda como juez de las acciones buenas o malas. Eso es lo que lleva a Newman a ver en las nociones de pecado y de expiación el principio de todas las religiones.

Newman demuestra a continuación que, a pesar de su carácter de algún modo innato, la conciencia tiene necesidad de ser educada y que esta educación es la misión propia de la Iglesia. En efecto, «el sentido del bien y del mal que es el principio mismo de la religión es tan sutil, tan caprichoso, tan fácilmente desviado, oscurecido, pervertido [...] que, en la lucha por la existencia [...] deviene el más arduo y más oscuro de los guías». El papel de la jerarquía eclesiástica consiste, por consiguiente, en paliar esta debilidad inherente de la conciencia. La religión natural «no puede influenciar verdaderamente a la humanidad y vencer al mundo más que con el apoyo y el complemento de la Revelación» de la que la Iglesia es el guardián.

Pero educar la conciencia no basta. Todavía es preciso sostenerla mediante la oración personal, a falta de esto deja de ser una guía para la conducta humana. En sus sermones parroquiales, Newman insiste en la necesidad de orar, mostrando que, si no se hace, se llega inevitablemente a «hacer cosas que la conciencia condena», de modo que esta «termina por negarse a conducirnos», lo que nos lleva a una especie de apostasía tácita:

Abandonado así por nuestro verdadero guía espiritual, se está obligado a tomar otro, la razón esta vez, que por sí misma sabe poco o nada de la religión. Entonces esta ciega razón se forja un sistema de lo justo y lo injusto como puede, halagando nuestros deseos y mostrándose presuntuosa, si es que no está ya corrompida. Nada sorprende que una tal concepción llegue a contradecir a la Escritura, cosa que aparece pronto. No es que se dé cuenta siempre uno mismo; no se advierte con frecuencia, y se imagina creer siempre en el Evangelio mientras sostiene doctrinas que él condena. A veces, sin embargo, se ve bien que este sistema no cuadra con la Escritura. Entonces, en lugar de renunciar a él, se abandona aquella, y se profesa que ya no se cree. Tal es el curso de la desobediencia: comienza por leves omisiones y acaba en la incredulidad declarada.

LA CONCEPCIÓN MODERNA DE LA CONCIENCIA

Según Newman, la conciencia concebida como disposición natural a hacer el bien y evitar el mal, y como juicio correlativo de la razón práctica, está ampliamente contestada por los pensadores y las élites del siglo XIX. Mientras que en los tiempos antiguos se recurría a la fuerza de las armas para oponerse a la autoridad de la conciencia, se trata ahora de hacerlo por medio de la inteligencia, afirmando por ejemplo que la voz de la conciencia no es más que una deformación propia de espíritus simples o el producto de una imaginación delirante. Por eso, la palabra *conciencia* ha perdido su verdadero significado. Si se sigue empleándola, no es ya para recordarnos nuestros deberes, sino más bien para dispensarnos de ellos:

> Si la conciencia tiene derechos, es porque implica deberes. Pero en nuestros días, en el espíritu de la mayoría, los derechos y la libertad de conciencia no sirven más que para dispensarse de la conciencia. Se querría ignorar al Legislador y Juez, se querría liberarse de toda obligación interior; se querría poder abrazar no importa qué religión o no tener ninguna; [...] se presume de estar por encima de todas las religiones, a fin de poder presentarse como un crítico imparcial. La conciencia era antes una consejera severa. En nuestro siglo, ha dado paso a una pretensión de la que durante dieciocho siglos nunca se había oído hablar, y que nos habría evitado ser tontos si la hubiésemos conocido: el derecho de hacer lo que nos venga en gana.

Lo que Newman recuerda aquí es la distinción anteriormente establecida por los papas Gregorio XVI y Pío IX entre libertad *de* conciencia y libertad *de las* conciencias, correspondiendo la primera a la concepción llamada subjetivista o autonomista de la conciencia, la segunda a la concepción clásica o tradicional. En una obra titulada *La idea de universidad*, intenta demostrar lo que sucede cuando la conciencia verdadera es remplazada por una «pretensión». Más precisamente, sostiene que el peligro que acecha a los espíritus cultivados es una cierta deformación de la conciencia moral, dejando esta de guiarse por el temor de Dios y confiando más bien en un cierto sentido de decencia social:

> El pecado ordinario de la inteligencia [es] sustituir la conciencia por el sentido moral (así se le llama); hacer de la obligación del deber una especie de gusto. Después de eso, el pecado no es ya una ofensa a Dios, sino una ofensa a la naturaleza humana [...]. Entre nosotros hay hombres dotados de muchas virtudes, y sin embargo arrogantes, tímidos, desdeñosos, apocados. ¿Por qué es así? Pues porque piensan y actúan como si, en la religión, no hubiese nada objetivo. La conciencia no representa para ellos, como debería, la voz de un Legislador, sino solamente el imperativo de su propia inteligencia, y nada más [...]. Están imbuidos de la consideración de lo que les corresponde, de su propia dignidad, de su conformidad con ellos mismos. La conciencia, en ellos, no es más que una forma del respeto que se deben a ellos mismos [...]. Si se portan mal, no experimentan contrición, que tiene a Dios por objeto, sino remordimiento, acompañado del sentimiento de que han sido inferiores a ellos mismos. Dicen que han sido insensatos; no que han sido pecadores.

El producto de esta actitud egocéntrica es el *gentleman*, cuya principal preocupación es no ofender nunca a nadie. Su pensamiento se apoya en el liberalismo filosófico. Aunque refractario a toda creencia en el misterio, se guarda bien de oponerse a él y pretende que nadie le supera en tolerancia religiosa. Pero esta tolerancia no es en realidad más que una forma de indiferencia mantenida por «esta dulzura y blandura de pensamiento que son el privilegio de la civilización». El retrato del *gentleman* que traza Newman nos es hoy familiar, pues se ha convertido en una especie de arquetipo de nuestras elites universitarias, mediáticas y políticas. Quien aspire a funciones de alto nivel en nuestros días debe confesar la fe secularista o liberal del *gentleman* newmaniano.

LAS RELACIONES ENTRE FE Y RAZÓN

Se podría resumir lo que precede diciendo que, a la concepción clásica de la conciencia, proclamada por Newman, se opone la concepción moderna que, no admitiendo la autoridad de Dios, la sustituye por la del yo, el cual se erige en tribunal supremo de lo que está bien y lo que está mal. La oposición entre estas dos concepciones existía en la época de Newman, pero solo las clases superiores de la sociedad conocían su existencia. Hoy se la puede observar en casi todas partes en el mundo occidental. Por decirlo con una célebre frase de un no menos célebre escritor francés de posguerra, el subjetivismo se ha convertido en «el horizonte insoslayable de nuestro tiempo». La consecuencia es que la noción de pecado no tiene ya sentido. En una conferencia dada en la Universidad de Toronto en 1952, Étienne Gilson declaraba que «el problema hoy no es la multiplicación de los pecadores sino la desaparición del pecado». Todos los papas desde Pío XII han expresado esa idea. El hombre moderno o posmoderno no cree ya en el pecado y no siente por tanto de ningún modo la necesidad de ser justificado, es decir hecho justo por un Dios salvador. Por el contrario, estima que es Dios mismo quien necesita justificarse ante las desgracias inherentes a la condición humana. Es lo que hacía decir al papa Benedicto XVI en su mensaje de Navidad de 2006: «El hombre del siglo XXI se presenta como el artífice de su destino, seguro de él y autosuficiente». Y en su viaje a Austria en 2007, añadía: «El relativismo lo relativiza todo y, al final, no se llega a distinguir el bien del mal».

Newman se preguntó largo tiempo por los orígenes de este subjetivismo, que consideraba como la mayor amenaza del siglo que venía. En un sermón titulado *La infidelidad del porvenir*, llega a afirmar que «las pruebas que nos esperan son tales que consternarían y darían vértigo incluso a hombres tan valerosos como san Atanasio, san Gregorio I o san Gregorio VII». En efecto, cuando la Iglesia de los primeros siglos entró en contacto con los pueblos bárbaros del norte de Europa, descubrió que «a pesar de todas las supersticiones, creían en una Providencia invisible y en la ley moral. Pero llegamos ahora a una época en que el mundo no reconoce nuestros primeros principios». Newman describe así la amenaza que pesa sobre el cristianismo de la época moderna:

> El principio fundamental de esta nueva filosofía, ahora tan amenazante, es que debemos guiarnos por la razón en todas las cosas, y en nada por la fe; las realidades no son conocidas y no deben ser aceptadas sino en la medida en que puedan ser probadas. Sus defensores observan que todos los demás conocimientos se apoyan en pruebas; ¿por qué entonces la religión sería una excepción a esta regla? [...] ¿Por qué este método que ha producido tan buenos resultados en física no los produciría en esos conocimientos más elevados que el mundo ha creído obtener por revelación?

No hay revelación proveniente de lo alto. No hay ejercicio de la fe. Ver y probar es el único fundamento para creer. Pretenden que, como se reconocen diferentes grados de prueba, no hay prueba sino en matemáticas; [...] las verdades no son más que probabilidades. En consecuencia, la fe es un error por doble razón. Primeramente, porque usurpa su lugar a la razón y, en segundo lugar, porque implica un asentimiento absoluto a doctrinas y es dogmática, siendo el asentimiento absoluto irracional. Por consiguiente, encontraréis seguramente en el futuro —y también hoy— que los escritores y pensadores no creen incluso que haya un Dios.

Newman expone aquí los fundamentos filosóficos de lo que él llamaba *liberalismo* y nosotros llamamos *secularismo* —la idea de que no hay otra verdad que la científica, y que todo lo que no es empíricamente mensurable debe considerarse sin valor epistemológico—. Este escepticismo ha devenido triunfante con la revolución sexual de los años 1960. Algunos autores estiman que Europa está hoy más secularizada que en ninguna otra época desde la conversión de Constantino en el siglo IV. En cuanto a América del Norte, está en la misma pendiente, pero con algún pequeño cambio. Benedicto XVI ha comparado alguna vez nuestro mundo al del final del Imperio romano. Newman habrá sido un verdadero profeta.

La estrategia utilizada por Newman para enfrentar este secularismo militante ha sido establecer una distinción entre fe y *fideísmo* y demostrar que no podía haber fe verdadera en ausencia de relaciones estrechas entre fe y razón. Sus más importantes reflexiones a este respecto se encuentran en sus sermones universitarios y en una obra difícil y relativamente poco conocida: *Gramática del asentimiento*. Publicada cuando Newman tenía casi setenta años, es el producto de una larga maduración intelectual y arroja sobre el mundo contemporáneo una luz a la vez cruda y admirable. Un autor francés de comienzos del siglo XX, Ernest Dimmet, la ha descrito como «una reacción del genio religioso anglosajón contra la seca lógica de los latinos».

Para Newman, como para la Iglesia católica, la fe en tanto que acto humano hace intervenir tanto la razón como la voluntad. En una carta a una amiga escrita en 1846, afirma que la fe «no es una conclusión sacada de premisas, sino el resultado de un acto de la voluntad *consecutivo* a la convicción de que creer es un deber». Eso significa que la voluntad interviene, no en la fase intelectual que conduce a la convicción, sino en la acción que esta convicción manda o exige. Y para poner las cosas en claro, añade: «Cuando tienes la convicción de que debes creer, *la razón ha cumplido su parte*, y lo que se necesita entonces para la fe, no es una prueba sino la voluntad».

La originalidad de Newman está en fundar el conocimiento de Dios que nos procura la religión natural en la experiencia de la conciencia, más que en el argumento de la concepción inteligente («*argument from intelligent design*») elaborado por William Paley en el siglo XVIII. Newman no niega el valor de este argumento, pero no cree en su capacidad de persuasión en el seno de la comunidad universitaria. Él se dedica a demostrar que la fe, lejos de ser una creencia irracional o ajena a la razón, es decir, una especie de *fideísmo*, es un asentimiento que, sin ser puramente racional, no puede concederse sin la intervención de la razón. Dicho de otro modo, la fe no es producto de una serie de silogismos, pero es eminentemente razonable. Newman quiere así dar la réplica a la tradición empirista inglesa, y sobre todo a los escritos de John Locke, de David Hume y de John Stuart Mill, para quienes la fe está desprovista de toda racionalidad. Según esta tradición, todo conocimiento verdadero se apoya en la experiencia sensible, es decir, en la acumulación de observaciones y datos mensurables de donde se pueden sacar leyes generales. Para el empirismo, todo lo que no salga de la experiencia sensible escapa al campo del conocimiento racional. Y como las creencias religiosas no están fundadas en la experiencia sensible, no pueden considerarse como un conocimiento verdadero. No son más que hipótesis o mitos.

En la *Gramática del asentimiento*, Newman rechaza esta posición demostrando que la fe es el producto de un acto de la voluntad puesta en presencia de razones para creer, las cuales, consideradas una a una, no tienen la fuerza de una prueba, pero *tomadas como un todo*, llevan a la convicción con tanta fuerza como una prueba rigurosa. Dicho de otro modo, el acto de fe es el coronamiento de un proceso en que intervienen sucesivamente la razón, luego la convicción y por fin la adhesión de la voluntad (Newman utiliza la palabra asentimiento —en inglés, *assent*— para designar la adhesión de la voluntad).

Newman reconoce que las razones que un cristiano invoca para dar cuenta de su fe pueden no ser perfectamente ciertas, que pueden dejar subsistir un margen de duda. Pero, contrariamente a los escépticos que afirman que el espíritu afectado por una proposición que presenta un margen de duda debe dar a esta proposición un asentimiento moderado por un coeficiente de incertidumbre proporcionado a esta duda, Newman sostiene que el asentimiento no puede ser más que total o nulo. En otros términos, el espíritu que da su asentimiento a una proposición, por ejemplo, que Jesucristo es Dios, está cierto de la veracidad de esta proposición al 100 % o no lo está en absoluto. Los escépticos dicen que a una proposición que la razón juzga probable no puede corresponder más que una adhesión probable del espíritu. Newman no admite esta ecuación de proporcionalidad y afirma, por el contrario, que a una tal proposición no puede corresponder más que una adhesión total o un rechazo total del espíritu. En suma, «la certeza es fruto del espíritu, tanto como el acto de inferencia que conduce a ella». No es fruto de la proposición misma. Aquí también, Newman está en perfecta armonía con santo Tomás de Aquino, para quien «el asentimiento pertenece propiamente a la inteligencia porque implica la adhesión absoluta a lo que se le presenta»[3].

Newman rechaza así la hipótesis de los escépticos, según la cual lo que distingue al creyente del incrédulo sería un cierto sentido del rigor intelectual. Nadie puede según él alcanzar una certeza sin algunas disposiciones previas. Lo que distingue al creyente del incrédulo no es el rigor intelectual, sino una cierta receptividad ante la verdad. Hay en cada uno de nosotros una sed de conocer que nos hace acogedores respecto a ella: «La creencia es un estado de espíritu; los estados de espíritu se corresponden; los hábitos de pensamiento y los razonamientos que nos conducen a un estado superior de creencia son exactamente los mismos que tenemos en relación con el grado inferior».

En una carta a su amigo William Froude, Newman ha intentado resumir las grandes líneas de la *Gramática del asentimiento* como sigue:

No es mediante silogismos u otros procedimientos de la lógica como se sacan las conclusiones dignas de fe que piden nuestro asentimiento, sino por este minucioso y

---

[3] *De veritate*, q. 14, art. 1, ad 3.

continuo razonamiento experimental que hace mala figura sobre el papel, pero que crece silenciosamente en una acumulación aplastante de pruebas, y que, cuando nuestro punto de partida es verdadero, nos lleva hasta un resultado verdadero. Es así como alguien puede ser llevado del escepticismo, del deísmo, del metodismo, del anglicanismo a la Iglesia católica.

Debemos a Newman haber puesto en claro el carácter eminentemente razonable de la fe de la gente sencilla. Su fe se apoya sobre bases sólidas, incluso cuando no pueden explicar los motivos de su certeza. Newman nos propone así una epistemología de la fe que nos permite resistir al proselitismo secularista de la cultura posmoderna.

7.
MAHOMA, DESCARTES, NIETZSCHE O CRISTO: HAY QUE ELEGIR

«Quien quiere aprender debe creer».

ARISTÓTELES

*«Dos excesos: excluir la razón,
no admitir más que la razón».*

BLAISE PASCAL

EN SUS ESCRITOS ANTERIORES Y POSTERIORES a su accesión al papado, Benedicto XVI afirma que los ataques contra la fe se explican en gran parte por el rechazo a reconocer las relaciones entre fe y razón. De donde, según él, la necesidad de poner en evidencia el lazo indisociable que las une. Para estar en condiciones de responder a quien «pide razón de la esperanza» que tenemos, hay que intentar dilucidar la naturaleza del vínculo entre fe y razón. Es lo que intentaré, exponiendo cuatro concepciones del mundo que compiten actualmente, y mostrando que cada una de ellas se apoya en una cierta interpretación del papel de la fe y de la razón en la búsqueda de la verdad.

Las cuatro concepciones del mundo son:

1. El fideísmo, que afirma que la fe es el único modo de acceso a la verdad; se le puede concebir como el principio de *sola fides.*

2. El modernismo, también llamado racionalismo, cientismo o positivismo, que afirma que la razón es el único modo de acceso a la verdad; se le puede concebir, pues, como el principio de la *sola ratio*.
3. El posmodernismo, al que se llama también relativismo moral, o nihilismo, que afirma que la verdad objetiva es una ficción y que, por consiguiente, fe y razón son igualmente vanas; se puede entonces hablar del principio de *nec ratio, nec fides*.
4. El catolicismo, que afirma que la búsqueda de la verdad corresponde tanto a la fe como a la razón; se le puede describir como el principio de *fides et ratio*.

Antes de examinar más detenidamente estas cuatro concepciones, importa precisar el sentido de las palabras *verdad, fe* y *razón. Verdad* designa una adecuación o concordancia entre la inteligencia y la realidad objetiva. *Fe* designa el hecho de creer, por oposición al de saber. La fe es el acto en virtud del cual una persona admite la veracidad de una proposición sobre la base, no de pruebas vinculantes para la razón (se trataría entonces de un saber), sino por el testimonio de otra persona. Creemos que un enunciado es verídico porque alguien atestigua su veracidad. En todo caso, eso no significa que la fe ignore las pruebas que pueden presentarse al espíritu. En el fondo, la fe está generalmente reforzada por una experiencia que ella no puede explicar perfectamente. Por ejemplo, creo que la receta de mi médico aliviará mi dolor, aunque no pueda explicar cómo actúa el medicamento. *Razón* designa la facultad en virtud de la cual se *sabe* que una proposición es verdadera. Se apoya en lo que nos revelan los sentidos o lo que nos dice nuestra inteligencia. El conocimiento adquirido por medio de los sentidos es el conocimiento sensorial (en inglés *empirical knowledge*), es decir, el conocimiento de las cosas materiales y mensurables. El conocimiento adquirido solo por medio de la inteligencia es el conocimiento abstracto, como la lógica y las matemáticas. Es indispensable, porque sin él es imposible formular proposiciones que pretendan ser verdaderas.

Fe y razón difieren sensiblemente: una pide el libre asentimiento de la voluntad, la otra pruebas tangibles o verdades manifiestas. Las dos están, sin embargo, al servicio de un mismo fin, que es la búsqueda de la verdad. La razón es un medio de comprender la verdad, de descubrirla o probarla, la fe de descubrirla. Sin la relación a la verdad, fe y razón no tienen sentido. Son dos caminos hacia la verdad, religiosa o no religiosa. Y precisamente porque no se las puede separar enteramente, hay que distinguir el orden racional del orden de lo razonable. Lo que es racional se impone a la razón, a tal punto que ningún espíritu sensato se opondría. Su dominio es todo lo relacionado con la lógica, las matemáticas y las ciencias experimentales. Lo que es razonable no se impone ni se opone a la razón. Su dominio es todo lo que no es propiamente lógico, matemático o científico. La fe no puede nunca ser, hablando con propiedad, racional, pero puede ser eminentemente razonable cuando no es contraria a la razón.

EL FIDEÍSMO (*SOLA FIDES*)

La primera concepción del mundo que veremos es el fideísmo, o *sola fides,* que afirma a Dios prescindiendo de la razón. Mientras que el modernismo establece una ruptura entre fe y razón, el fideísmo hace lo contrario. La enciclopedia católica define el fideísmo como «un sistema de filosofía o una actitud de espíritu que, negando el poder de la razón dejada a ella misma para llegar a certezas, afirma que el acto fundamental del conocimiento humano es un acto de fe, y que el criterio supremo de la certeza es la autoridad»[1].

La forma de fideísmo más extendida hoy es el islam. Desde mediados del siglo IX, teólogos musulmanes comenzaron a rechazar la filosofía griega, lo que ha dado lugar a una teología donde Dios se entiende como pura voluntad y el universo como realidad despojada de toda racionalidad. Con el tiempo, de esto ha resultado incluso la negación del principio de causalidad. Por ejemplo, en la *Incoherencia de los filósofos,* un importante tratado aparecido en 1095, el teólogo musulmán Abû Hâmid al-Ghazâlî, considerado como el más influyente pensador musulmán después de Mahoma, denuncia la influencia helenizante de Avicena y de sus discípulos. Insistiendo en que Dios no está nunca vinculado por las leyes de la naturaleza, concluye en la ausencia de todo vínculo entre causa y efecto. Las cosas evolucionan, no según su naturaleza, sino según la voluntad de Dios en cada momento.

El fideísmo no es solo propio del islam. Se encuentran rastros en los teólogos protestantes del siglo XIX, sobre todo en Friedrich Schleiermacher, según el cual la religión propone un saber sin relación con la ciencia y la filosofía. El filósofo danés Søren Kierkegaard era de la misma opinión, y estimaba que la fe es un «salto» más allá de la razón. Como ha señalado Benedicto XVI en su discurso de septiembre de 2006 en la Universidad de Ratisbona, la tentación fideísta ha afectado también al catolicismo.

---

[1] G. SAUVAGE, artículo «Fideism», en *The Catholic Encyclopedia,* Nueva York, 1909. Consultada por el autor en 2008 en *New Advent*: http. newadvent.org/cathen/06068b.html.

Lo atestigua, dice, el «voluntarismo» del teólogo medieval Duns Scoto, que creía que Dios «hubiese podido crear y hacer incluso lo contrario de todo lo que efectivamente ha hecho», lo cual, precisa el papa, tiende «incluso a una imagen de Dios-Arbitrio, que no está vinculado ni siquiera con la verdad y el bien». Más tarde, Benedicto XVI aclaró que Scoto nunca sostuvo que Dios pudiese querer una cosa y su contrario. En *Fides et ratio,* Juan Pablo II pone en guardia contra el resurgir de algunas formas de fideísmo, en particular el «biblicismo», que define como una tendencia «a hacer de la lectura de la sagrada Escritura o de su exégesis el único punto de referencia para la verdad»[2].

La Iglesia ha considerado siempre el fideísmo como una herejía. Sin negar la omnipotencia de Dios, afirma fundándose en el evangelio de Juan que Cristo es *Logos,* lo que significa que Dios es a la vez *palabra* y *razón*. De hecho, la Iglesia siempre ha sostenido que la autoridad no sería el único criterio de certeza y que un acto de fe no puede constituir la principal forma de conocimiento. «En efecto, la "suprema norma de su fe" proviene de la unidad que el Espíritu ha puesto entre la Sagrada Tradición, la Sagrada Escritura y el Magisterio de la Iglesia, en una reciprocidad tal que los tres no pueden subsistir de forma independiente»[3]. Pues Tradición, Escritura y Magisterio no son nada si no son al menos *en parte* obras de razón.

EL MODERNISMO (*SOLA RATIO*)

La segunda concepción del mundo que vamos a ver es el modernismo, fundado sobre el principio de la *sola ratio*.

---

[2] *Fides et ratio,* 55.
[3] *Ibid.*

Preponderante en la cultura occidental entre la Ilustración y comienzos del siglo XX, el modernismo no tiene ya hoy la influencia que tuvo. Continúa su predicación por los grandes sacerdotes del humanismo secular, como Sam Harris y Richard Dawkins en el mundo anglosajón, por André Comte-Sponville, Albert Jacquard y Michel Onfray en el francófono. En todo caso su impacto sobre los espíritus se ha debilitado mucho después de un siglo, sobre todo en beneficio del posmodernismo.

Todo comenzó con Descartes a principios del siglo XVII, luego evolucionó en el sentido de una complejidad creciente bajo la influencia de varios pensadores como Hobbes, Newton, Locke, Rousseau, Kant, Hume, Bertrand Russell, John Rawls, etc. Para los modernistas, la cuestión más importante es la de la epistemología: ¿qué es el conocimiento y cómo podemos conocer? *Grosso modo*, los pensadores modernistas se reparten en dos campos: los racionalistas idealistas (Descartes, Spinoza, Leibniz, Kant, Hegel), que afirman que el conocimiento proviene de la razón, y los empiristas positivistas (Bacon, Hobbes, Locke, Hume, Comte), que afirman que proviene de los sentidos. En el seno de cada campo surgen numerosos sistemas de pensamiento como el pragmatismo, el estructuralismo, el marxismo, el existencialismo, el evolucionismo, etc.

Lo que distingue al modernismo de otras concepciones del mundo es justamente su propensión para crear sistemas. A diferencia de los pensadores clásicos (sobre todo griegos y medievales), que se contentaban con proponer explicaciones filosóficas más o menos completas de la realidad, los modernistas elaboran *sistemas* que, dicen ellos, pueden dar cuenta de la totalidad de lo real. Cada uno cree haber descubierto una explicación susceptible de aclarar el conjunto de la realidad reduciéndola a una causa única hasta entonces insospechada.

Descartes pretendía explicarlo todo por las ideas innatas, Hegel por el pensamiento dialéctico, Marx por el materialismo dialéctico, David Hume por las emociones humanas, Auguste Comte por el desarrollo científico y Freud por los deseos reprimidos de nuestra infancia.

Este espíritu de sistema deriva del principio de la *tabula rasa* de Descartes —la idea de que cada espíritu individual debe, para acceder al saber auténtico, hacer tabla rasa de lo que nos han legado las generaciones anteriores y buscar comprender la realidad sin apoyarse en ninguna tradición espiritual o intelectual—. El descubrimiento de la verdad pasaría por una especie de liberación de la inteligencia de todo prejuicio, sobre todo religioso. Dejada a ella misma, la razón tendría la capacidad de ilustrar al hombre en cualquier cosa. Todo el proyecto de lo que se llama la «Ilustración» consiste en afirmar que, para llegar a la verdad, hay que desescombrar el espíritu de los trastos viejos legados por nuestros antepasados. No hay verdad sin purga del pasado, tal podría ser la divisa modernista.

Como ya vimos, el modernismo se desarrolla en el curso de los doscientos cincuenta últimos años según dos grandes tradiciones, el racionalismo y el empirismo. La tradición racionalista está representada sobre todo por Emmanuel Kant, filósofo alemán de finales del siglo XVIII, que, después de conocer los descubrimientos de la física de Newton, concluyó en la necesidad de una teoría enteramente nueva del conocimiento, la del idealismo trascendental, redefiniendo la verdad como no objetiva, sino subjetiva. Kant se encontró así rechazando la definición de la verdad utilizada desde los orígenes de la filosofía, a saber, una conformidad del intelecto con la realidad.

En su *Crítica de la razón pura,* sostiene que el progreso de los conocimientos exige un abandono de esta definición y su remplazo por la idea contraria, es decir, que son los objetos del pensamiento los que se conforman con nuestro conocimiento. Tal es, en breve, la esencia de la «Ilustración».

Se debe sobre todo a Kant la idea de que todos nuestros conocimientos son subjetivos. Por desgracia, Kant no ha visto que, si todo conocimiento es subjetivo, su hipótesis pretendiendo eso también lo es, lo que obliga a concluir que nuestra inteligencia está atrapada en una galería de espejos que se perpetúan al infinito. Su subjetivismo ha conducido a una rápida erosión de la síntesis clásica entre fe y razón. Aunque se declaraba cristiano, Kant negaba la posibilidad de establecer la existencia de Dios por medio de la razón. Se puede solo suponer que Dios existe, decía. Y aseguraba que esta presunción era necesaria para dar una garantía divina a nuestras convicciones morales. Creer en Dios sería por tanto una exigencia, no de la verdad, sino del sentido práctico. Kant está en el origen de la opinión común a casi todos los protestantes y católicos disidentes según la cual no hay ninguna relación entre fe y razón y que, a fin de cuentas, una es contraria a la otra. La consecuencia está en que, desde el punto de vista modernista, las palabras «sobrenatural» y «mítico» son perfectamente sinónimas.

La filosofía kantiana es esencialmente una reacción a la de David Hume, figura emblemática del empirismo inglés, de donde salió lo que hoy se llama positivismo o cientifismo, cuya principal característica consiste en reconocer como real solo lo que es visible o mensurable. Todo lo que no satisfaga esta exigencia debe considerarse que no existe. Para Hume y sus discípulos, todo razonamiento abstracto que no tenga por objeto números o datos factuales o sensibles no es más que un sofisma.

En suma, el campo del conocimiento se limita a las leyes de la lógica y de las matemáticas, así como a las proposiciones que dan cuenta del método experimental. Toda proposición ajena a estos dominios es llamada subjetiva y no podría pretender ser verdadera. En una tal perspectiva, la fe no puede concebirse más que como una forma de sinrazón y las religiones como otras tantas supersticiones.

El corolario de todo eso es que la razón se concibe como autosuficiente: pretende poder por sí sola explicar todo sobre el hombre y su universo. Los positivistas rechazan la concepción de Platón, para quien «Dios es la medida de todas las cosas», y suscriben la de los presocráticos, para quienes «el hombre es la medida de todas las cosas». Es decir, el mundo se mide por el espíritu humano y no a la inversa, de suerte que toda certeza sobre el mundo exterior deviene imposible. Lo único que podemos «saber» del mundo es lo que nos proporcionan nuestros sentidos y nuestras impresiones mentales. Sin embargo, nada puede darnos la certeza de que estas impresiones correspondan a la realidad. Por consiguiente, estamos obligados a aceptar algunas ideas solo en la medida en que «funcionan» y debemos resignarnos al hecho de que no tenemos ni tendremos nunca garantía en cuanto a la conformidad de lo real «tal como lo captamos por nuestros sentidos» con lo real «tal como es en sí mismo». El conocimiento no es, pues, nada más que una «creencia basada en la verdad» (*true justified belief*), es decir, una creencia justificada por el método experimental. Hablando con propiedad, el positivismo no admite distinción entre creencia y conocimiento. Porque nada le autoriza a concluir que las impresiones mentales producidas por nuestros sentidos sean conformes con la realidad, se debe contentar con la distinción entre creencias fundadas en experiencias sensibles, que se llamarán conocimientos científicos, y creencias no fundadas en experiencias, que se llamarán opiniones o supersticiones, según el caso.

Otra consecuencia del positivismo es el materialismo. Todo lo que es invisible o no mensurable, incluido Dios, se pretende que no existe. Y como Dios no existe, no puede haber imperativos morales absolutos. Como ha mostrado bien Alasdair MacIntyre (cf. Capítulo 2), el positivismo no puede incluso admitir la existencia de fines o de funciones humanas esenciales. Frente a la tradición clásica, que concibe al hombre como naturalmente destinado a «cumplir diversas funciones, que tienen cada una su propio objeto o su propio fin (miembro de una familia, ciudadano, soldado, filósofo, servidor de Dios)», el positivismo percibe al hombre «en tanto que individuo, interior y separadamente de todos esos roles», de suerte que «ya no es plausible tratar los juicios morales como enunciados de hechos». Todo verdadero positivista no admite más que un valor: la utilidad. Pero, *stricto sensu,* la utilidad no es un valor moral, sino una opinión que se refiere a la utilidad de una acción o de un objeto fundada sobre una evaluación de sus consecuencias. Ningún materialista que se respete puede aceptar la idea de valores morales, puesto que son inmateriales y, en consecuencia, ni visibles ni mensurables. En el límite, el único valor intrínseco que un materialista podría admitir es el placer. En el orden moral, un positivista es esencialmente un hedonista[4]. Para él, lo

---

[4] No es así en todos los positivistas. Auguste Comte, considerado el padre del positivismo, no era utilitarista y creía incluso en la objetividad de las reglas morales.

que se suele llamar el sentido moral no puede ser más que un conjunto de reglas prácticas que miran a lograr que la vida social sea lo menos desagradable posible.

La concepción positivista del mundo suscita varias dificultades, no es la menor su pretensión de ser rigurosamente racional. El positivismo afirma que el progreso de la razón no es otra cosa que el del conocimiento científico. La única realidad que cuenta es la que se capta por nuestros sentidos, la que se presta al método experimental.

Se apoya enteramente sobre un acto de fe, no de razón. En esto es perfectamente arbitrario. Al negar la existencia de toda realidad invisible y no mensurable, afirmando que no existe nada más allá de lo que captan nuestros sentidos, el positivismo se encuentra negándose a sí mismo, puesto que sus postulados no pueden ser sometidos al método experimental. Viola así su propio principio constitutivo.

El segundo problema del positivismo es su ateísmo. Los positivistas pretenden que la existencia de Dios es una cuestión de fe, lo que para ellos significa que no concierne de ningún modo a la razón. Rechazan establecer una distinción entre la cuestión de la existencia de Dios y la de su identidad. La primera es una cuestión filosófica que depende de otra más amplia: ¿Qué es lo que es? ¿Dónde comienza el ser y dónde termina el no ser? La segunda pregunta: ¿Quién es Dios?

En este asunto, se imponen dos observaciones. En primer lugar, la idea de que Dios no existe es contraria al sentido común, que nos dice que todo lo que viene a la existencia tiene una razón. Es lo que llaman los filósofos el principio de razón suficiente, que afirma que se puede dar cuenta siempre de lo que existe o sucede. Leibniz lo define así: «Nada sucede sin que sea posible, a quien conociera bastante las cosas, dar una razón que sea suficiente para determinar por qué es así y no de otra manera»[5]. Todo ser contingente, es decir, todo ser que no es obligado que exista, exige una causa suficiente para ello. Y como el mundo en el que vivimos no es «obligado que exista», su existencia no puede explicarse sino por Dios. El ateísmo no puede explicar la contingencia del universo, ni ofrecer una respuesta a la cuestión filosófica más radical: ¿por qué existe algo y no nada? Quien responda que no hay respuesta a esta cuestión se encuentra diciendo que nada tiene sentido, cosa que es imposible, pues no se puede hablar de sinsentido sin presuponer su contrario.

En segundo lugar, el ateísmo no puede explicar la emergencia de la racionalidad. Si Dios no existe, es forzoso concluir que la razón no es más que un subproducto de la evolución biológica. Pero entonces, eso equivale a admitir que la razón habría salido de la no razón.

La tercera dificultad que suscita el positivismo es su materialismo, una doctrina que postula que el pensamiento es un proceso enteramente determinado por una actividad química o electroquímica —un subproducto surgido de la interacción de fuerzas no racionales—. Por eso, el positivismo está obligado a concluir que todas las creencias, incluidas las de la inexistencia de Dios, están producidas por fuerzas no racionales. Además, como el libre arbitrio —y la conciencia— implica una indeterminación que es negada por el materialismo, los positivistas están obligados a afirmar que no existe.

La cuarta dificultad del positivismo es que al asociar la fe cristiana a una mitología cualquiera despojada de toda racionalidad, se vuelve incapaz de explicar la aportación

---

[5] G.W. LEIBNIZ, *Principios de la naturaleza y de la gracia fundados en la razón*, 1718, § 7 a 10.

única de la civilización occidental, aportación íntimamente ligada a la fe cristiana. Con los préstamos de la Antigüedad grecorromana, el cristianismo supo elaborar una cultura propia que hoy irradia incluso en los países de tradición no cristiana. Ha creado las universidades medievales, de donde salieron las universidades modernas. Ha contribuido al desarrollo de la investigación científica en el mundo occidental y, gracias a los misioneros jesuitas, introdujo el pensamiento científico en los rincones más alejados de Europa, como la China y la India. También se debe al cristianismo la fundación de los primeros hospitales en las grandes ciudades europeas y la constitución de regímenes jurídicos fundados en los derechos de la persona y la separación de Iglesia y Estado. El positivismo es incapaz de explicar la aparición de la racionalidad moderna y las realizaciones de la civilización occidental. Está obligado a postular que estas realizaciones y esta racionalidad han salido de un pensamiento mitológico, cosa que, una vez más, es contradictoria.

EL POSMODERNISMO (*NEC RATIO NEC FIDES*)

La tercera concepción del mundo que vamos a ver es relativamente reciente y lleva el nombre de posmodernismo. Se puede también hablar de nihilismo, o de relativismo cultural o moral. Así como el modernismo domina entre los científicos e ingenieros, el posmodernismo domina en el mundo de las comunicaciones, de las artes y de la cultura.

Para explicar el posmodernismo, hay que recordar brevemente la concepción del mundo que pretende remplazar: el modernismo. Como ya mencionamos más arriba, el modernismo se caracteriza por una profusión de

147

sistemas que buscan explicar el conjunto de la realidad, bien entendido que esta la limitan a lo que puede ser visto o medido. Estos sistemas están en el origen de algunas visiones conceptuales —en inglés, se habla de *paradigms*— como, por ejemplo, las teorías panhistóricas que anuncian la supresión gradual del sufrimiento mediante la ciencia, regresión del «fenómeno religioso» bajo la influencia de los progresos en educación, la desaparición de las guerras y los conflictos como consecuencia del aumento del comercio mundial y la prosperidad, etc. Por su carácter exhaustivo y universal, estas teorías han sido bautizadas por los posmodernistas «metahistorias» o «metaexplicaciones» (en inglés se habla de *meta-narratives*).

Relativamente nuevo, el posmodernismo es difícil de definir. Parece provenir de una desilusión engendrada por las metaexplicaciones del modernismo. Como indicó el historiador inglés Chistopher Dawson, el siglo XIX se caracterizó por una fe ciega en la ciencia y el progreso humano. La expresión más acabada de esta fe es sin duda la que se encuentra en *L'avenir de la science,* una obra de Ernest Renan, discípulo de Auguste Comte, aparecida inicialmente en 1848. En la primera edición de ese libro, Renan proclama su fe inconmovible en el positivismo: «Proclamamos el derecho de la razón a reformar la sociedad por medio de la ciencia racional y el conocimiento teórico de lo que es. No es en ningún modo exagerado decir que la ciencia contiene el porvenir de la humanidad y solo ella puede tener la última palabra sobre el destino humano y mostrar al hombre cómo alcanzar sus fines [...]. La ciencia no vale más que en la medida en que puede remplazar a la religión». Lo que importa señalar aquí es que en el prefacio de la segunda edición del mismo libro, aparecida cuarenta años más tarde, Renan admite que su optimismo inicial ha dado lugar a un profundo pesimismo. En la edición de 1887, escribía: «Es posible que la ruina de las creencias idealistas esté destinada a seguir a la ruina de las creencias sobrenaturales, y que un abajamiento real de la moral de la humanidad date del día en que ha visto la realidad de las cosas. A fuerza de quimeras, se había logrado obtener del buen gorila un esfuerzo moral sorprendente: quitadas las quimeras, una parte de la energía ficticia que despertaban desaparecerá [...]. Suprimid al trabajador el alcohol del que obtiene la fuerza, pero no le pidáis ya la misma carga de trabajo». Renan había perdido su fe positivista, como antes perdió su fe católica.

En el curso del medio siglo que siguió, este sentimiento de desilusión se propaga al conjunto del mundo. En 1929, Christopher Dawson hacía observar que «los pensadores y escritores de hoy no consideran ya las doctrinas liberales de progreso y perfectibilidad de la sociedad, fundadas sobre medios estrictamente racionales, como dogmas incuestionables. El escepticismo y la increencia que, en el apogeo de las luces liberales, estaban dirigidos contra la religión tradicional, se han vuelto ahora contra los fundamentos mismos del pensamiento liberal»[6].

En la onda de este sentimiento general de desilusión, el posmodernismo parece surgir como movimiento de pensamiento, y eso por influencia de intelectuales franceses de posguerra como Michel Foucault, Jacques Derrida, y Jean-François Lyotard. En 1967, Foucault publica *Les mots et les choses* (*Las palabras y las cosas*), donde anuncia nada menos que «la muerte del hombre». El movimiento se propagó rápidamente a la filosofía, donde sus ataques se centraron en la racionalidad. Para los posmodernistas,

---

[6] Christopher DAWSON, *Progress and Religion,* 1929.

149

las metaexplicaciones del modernismo no son creíbles, porque el hombre no puede captar las verdades que presupone su elaboración. Algunos van más lejos aún y no admiten incluso la posibilidad de conocer la verdad, afirmando que todo intento de defender lo «verdadero» no es más que un subterfugio que disimula una voluntad de poder. Todo eso puede parecer contradictorio, pero, contrariamente al modernismo, al posmodernismo no le molestan las contradicciones. Es lo que lleva al historiador americano Thomas Storck a definirlo como «la muerte de la razón»:

Los textos no son ya argumentos destinados a convencer de un cierto punto de vista, pues [...] el posmodernismo ve en cada argumento de este género un intento camuflado de adquirir poder [...]. Mientras el modernismo ha defendido a menudo argumentos erróneos, el posmodernismo prefiere no presentar ningún argumento. Busca más bien destruir todo argumento, toda posibilidad de argumento [...]. Muchos sistemas de pensamiento modernista comportaban contradicciones implícitas [...]. Si hubieseis revelado a los modernistas que preconizaban estos sistemas las contradicciones que ocultaban, comprenderían que estaban en un aprieto y habrían intentado explicarse. Pero si explicáis a los posmodernistas que sus argumentos destruyen la posibilidad incluso de todo argumento y de toda verdad, que no pueden mantener sus puntos de vista si lo que afirman es verdadero, no reaccionan confusos ni airados. Más bien se alzan de hombros, y sonríen con una señal de aprobación. Pues, sí, por supuesto, han destruido todo argumento, toda verdad, incluso las suyas. No desean remplazar los sistemas modernistas por un nuevo sistema de ellos, sino suprimir todo fundamento racional, todo punto de partida, toda posición fija en la que podamos confiar fundada en la razón. Es el nihilismo intelectual absoluto. La razón del hombre está muerta[7].

La alusión al nihilismo es pertinente. El nihilismo es una filosofía inspirada en el filósofo alemán Friedrich Nietzsche, una de cuyas obras se titula *El Anticristo*. Ateo hasta la médula, sostenía que la «muerte de Dios» suponía un rechazo tanto de la fe como de la razón, invitaba a sus lectores a cultivar la pasión y el odio deliberado mejor que un espíritu racional, y proclamaba la supremacía de la voluntad. Aquejado de locura en su vejez, murió de sífilis en 1900, después de haber firmado sus últimas cartas como «El Crucificado». Los nazis alemanes le consideraban como el mayor héroe intelectual. Buen número de universitarios y escritores contemporáneos ven en él una figura emblemática de la época moderna. Es hoy el favorito de los estudiantes «comprometidos», que lo leen sin duda más que a cualquier otro filósofo.

La atracción del nihilismo en nuestra época es innegable. Impregna toda la cultura moderna y posmoderna. Estamos sumergidos en una atmósfera nihilista donde la búsqueda de la verdad aparece como una noble pero vana empresa. La vida no es nada más que una ocasión de alimentarse de impresiones y experiencias. Todo esfuerzo que pretenda descubrir el sentido del destino humano está sin esperanza, porque nada dura y todo es provisional o fugitivo. El compromiso personal no es más que renuncia a la libertad y mata la espontaneidad, que tiene

---

[7] Thomas STORCK, «*Postmodernism: Catastrophe or Opportunity −or Both*», accesible en internet: http://www.catholicculture.org/library/view.cfm?recnum=4061.

la primacía sobre todo lo demás. El nihilismo engendra una cultura de la muerte. Se está en la era de la *posverdad*.

EL CATOLICISMO (*FIDES ET RATIO*)

Frente a las demás concepciones del mundo que hemos visto, el catolicismo afirma que fe y razón son las dos indispensables en la búsqueda de la verdad. Está pues justificado atribuirle como divisa *Fides et ratio*.

La noción de una complementariedad natural entre fe y razón es particularmente odiosa para los positivistas, que creen ciegamente que la razón basta por sí sola para descubrir la verdad. No se puede demostrar por la «razón sola» la validez del principio de *sola ratio,* porque toda demostración en este sentido sería circular y el razonamiento circular no prueba nada. La adhesión al principio de la *sola ratio* supone un acto de fe, y no de razón. No solo la fe no contradice a la razón, sino que es su corolario indispensable. No podemos elegir entre fe y ausencia de fe. La única cuestión es saber *en qué* o *en quién* ponemos nuestra fe.

Más allá de estas consideraciones, la posición católica afirma que la razón se refiere a cuestiones que ella sola no puede responder, y que la fe propone respuestas que no llegan a comprenderse sin la ayuda de la razón. Por eso, fe y razón son consideradas como «unidas de manera no extrínseca, sino simbiótica»[8]. El catolicismo siempre ha reconocido la necesidad de una síntesis de la fe y de la razón. Es lo que muestran los escritos de los Padres griegos de la Iglesia, algunos de ellos «que no se convirtieron al cristianismo hasta

---

[8] Cardenal Joseph RATZINGER, *L'Église et la théologie,* Mame, París 1992, p. 32.

bastante tarde, y después de haber recibido una educación filosófica griega, estaban tan poco inclinados a condenarla en bloque, que su propia conversión les parecía más bien como la peripecia final de una búsqueda de Dios que habían comenzado con los filósofos»[9]. Se encuentra una ilustración elocuente de todo esto en la vida de Orígenes, Padre de la Iglesia del siglo III, del que se nos dice que, al enseñar la fe cristiana, «decía que necesitaba tener buenos conocimientos profanos y filosóficos»[10]. A la luz de estas consideraciones el cardenal Ratzinger recordaba que, en sus relaciones con los paganos, los primeros cristianos afirmaban sin reparo que «el Dios que nosotros veneramos [...] es el mismo Ser que los filósofos han reconocido como el principio de todo ser, como el Dios superior a todos los poderes»[11].

Pero entonces ¿cuál es la naturaleza de esta relación entre razón y fe cristiana? ¿Cómo funciona? Se puede responder a esta cuestión mostrando la relación que existe entre filosofía y teología. Juan Pablo II menciona que en esta relación:

No se trata simplemente de utilizar, en la reflexión teológica, uno u otro concepto o aspecto de un sistema filosófico, sino que es decisivo que la razón del creyente emplee sus capacidades de reflexión en la búsqueda de la verdad dentro de un proceso en el que, partiendo de la palabra de Dios, se esfuerza por alcanzar su mejor comprensión. Es claro además que, moviéndose entre estos dos polos —la palabra de Dios y su mejor conocimiento—, la razón está

---

[9] Étienne GILSON, *La philosophie au Moyen Âge*, Payot, París, 1976, tomo I, p.15

[10] Eusebio DE CESAREA, *Historia eclesiástica*, libro 6, capítulo 19.

[11] Cardenal Joseph RATZINGER (Benedicto XVI), *La foi chrétienne hier et aujourd'hui*, Cerf, París 2005, pp. 80-81.

como alertada, y en cierto modo guiada, para evitar caminos que la podrían conducir fuera de la Verdad revelada y, en definitiva, fuera de la verdad pura y simple, más aún es animada a explorar vías que por sí sola no habría siquiera sospechado poder recorrer. De esta relación de circularidad con la palabra de Dios la filosofía sale enriquecida, porque la razón descubre nuevos e inesperados horizontes[12].

El cardenal Ratzinger explica la «circularidad» de la que habla Juan Pablo II: «La filosofía no debe tampoco encerrarse en […] los resultados de sus propias reflexiones. Así como la filosofía debe estar atenta a los descubrimientos de las diversas ramas de las ciencias naturales, del mismo modo debe considerar como fuente de conocimiento que sirve para enriquecerla la sagrada tradición de las religiones y, por encima de todo, el mensaje de la Biblia». Ratzinger añade que todas las grandes filosofías han adoptado orientaciones inspiradas en tradiciones religiosas. Eso es cierto no solo en la filosofía griega o, relativamente, en la filosofía india, sino también en filosofías recientes que, aunque estén convencidas de la autonomía de la razón y conciban a esta como la medida más elevada del pensamiento humano, no están menos en deuda con el gran impulso que la fe bíblica ha dado de pasada a la filosofía. «Kant, Fichte, Hegel, Schelling –precisa Ratzinger–, serían impensables sin la infraestructura de la fe que les es anterior; y lo mismo puede decirse de Marx, cuya interpretación radical del horizonte de la esperanza ha sido influenciada por lo que él había retenido de la tradición religiosa»[13].

---

[12] JUAN PABLO II, *Fides et ratio*, n. 73.
[13] Cardenal Joseph RATZINGER, *Culture and Truth: Some Reflections on the Encyclical Letter Fides et Ratio*, conferencia pronunciada en la capilla del St Patrick Seminary, Menlo Park, 13.II.1999.

La Iglesia afirma que no solo hay una relación necesaria entre fe y razón, sino que la razón tiene mucho que ganar cuando colabora con la fe. Y lo que gana en primer lugar es una liberación de la prisión en que la encerró el modernismo. Este afirma que está prohibido hablar de verdad fuera de los tres dominios que son las ciencias naturales, las matemáticas y la lógica. Todo el resto no es más que materia de opinión. En *El nombre de la rosa* de Umberto Eco, se encuentra esta frase que describe perfectamente la concepción que nuestro mundo tiene de la verdad: «La única verdad consiste en estudiar cómo liberarse de la pasión malévola por la verdad». En suma, fuera del método científico matemático dicen que no hay verdad. Pero reconocer el vínculo entre fe y razón libera a la razón de ese corsé. Iluminada por la fe, la razón puede alcanzar toda la realidad, incluida la que está más allá de lo sensible. No queda encerrada en el juego de espejos de la interpretación, como se nos quiere hacer creer desde hace tres siglos. «La interpretación de esta Palabra [de Dios] —precisa la encíclica *Fides et ratio*— no puede llevarnos de interpretación en interpretación, sin llegar nunca a descubrir una afirmación simplemente verdadera»[14]. La alianza fe-razón hace saltar el muro tras el cual la *sola ratio* ha encerrado a la razón.

¿Se puede respaldar esta tesis con datos concretos? El dato más importante para probarla es la aportación sin igual del cristianismo al progreso de la condición humana. Más precisamente, la Iglesia católica está en el origen de la reivindicación más radical y la que ha tenido más consecuencias en la historia del mundo, a saber, que todo hombre posee, por su misma naturaleza, el derecho de

---

[14] *Fides et ratio*, n. 84.

buscar la verdad. Haciendo suyo el consejo *Conócete a ti mismo* de los filósofos griegos, la Iglesia siempre ha afirmado que en cada hombre y en cada mujer hay «un deseo de conocer la verdad». Y su cuidado en defender el derecho de todos a buscar la verdad pareció al principio tan revolucionario que algunos pensadores del siglo II, como Celso, han querido burlarse de sus esfuerzos en este sentido. Se le reprochaba sobre todo atraer únicamente a los esclavos, mujeres y niños. Porque es indispensable tener libre acceso a la verdad para conocer a Dios, y también porque el Dios de los cristianos es el Dios de todos, los primeros teólogos han insistido en el carácter universal del derecho a buscar a verdad. Al hacer esto, han socavado los fundamentos del orden sociopolítico precristiano y establecido las premisas de la abolición de las barreras fundadas en las razas, clases sociales o sexos. Nunca antes se había atrevido nadie a proclamar la igualdad ante Dios del hombre y la mujer, del esclavo y el amo, del fuerte y el débil, del negro y el blanco, del pobre y el rico. Esta reivindicación, estimada como pura locura por los grandes del Imperio romano, debería ser hoy motivo de orgullo para todos los cristianos, y sobre todo para los católicos.

Según los positivistas, la Edad Media fue una «edad de tinieblas» caracterizada por una sobreabundancia de teología y una penuria de filosofía, por un exceso de fe y una carencia de razón. Quienes sostienen esta opinión creen también que la Edad Media terminó cuando la fe comenzó a disminuir, lo que habría permitido a la razón desarrollarse y a una edad más «ilustrada» ver la luz. Es así, nos dicen, como la «Ilustración» o las «Luces» habrían tomado el relevo de la filosofía grecorromana abandonada mil años antes, como si no hubiese habido nada hasta entonces.

Esta concepción de la Edad Media, defendida en la mayor parte de las universidades occidentales desde hace más de dos siglos, apenas se contradice en la actualidad. No por eso es menos errónea. Si fuese verdadera, las nociones filosóficas de los padres de la filosofía moderna serían pasablemente cercanas a las de los filósofos griegos. Pero no hay nada de eso. Lo atestiguan estas palabras del medievalista Étienne Gilson:

> Algo sucedió en el dominio de la filosofía en el curso de los catorce siglos que llamamos la Edad Media. El mejor modo de observar lo que pasó es recordar la concepción general del mundo propagada por los últimos filósofos griegos y compararla con la interpretación del mundo común a los fundadores de la filosofía moderna [...]. En el siglo XVII, las nociones filosóficas comúnmente admitidas de Dios, del origen del mundo, de la naturaleza del hombre y de su destino difieren desde todo punto de vista de las que la Edad Media heredó de los griegos [...]. Cerrar los ojos sobre lo que sucedió a la filosofía en el siglo XIII es despojar a la historia del pensamiento occidental de su continuidad y, al mismo tiempo, de su inteligibilidad[15].

Gilson añade que, aunque alguien pueda legítimamente mostrarse crítico ante algunas posiciones filosóficas de los teólogos medievales, «nada excusa a quienes describen la Edad Media como un largo periodo de estancamiento filosófico». De hecho, el estudio del pensamiento medieval revela al menos tres corrientes de pensamiento que ningún filósofo cristiano podría ignorar:

---

[15] Étienne GILSON, *History of Christian Philosophy in the Middle Ages,* Random House, Nueva York 1955, p. 542.

Agustín le hará descubrir el método metafísico fundado en la introspección, Duns Scoto el universo metafísico de las esencias, Tomás de Aquino lo que sucede a ese universo cuando la existencia se añade a las esencias como dimensión metafísica suplementaria. Aunque solo nos hubiesen legado esas tres posiciones filosóficas puras, los escolásticos seguirían siendo para todos los filósofos cristianos los guías más seguros en su búsqueda de una interpretación racionalmente válida del hombre y su mundo[16].

Así pues, la validez del argumento que ve a la filosofía enriquecida por la teología, y a la razón por la fe, está confirmada por el testimonio de historiadores del pensamiento.

CONCLUSIÓN

El fideísmo proclama no solo la autonomía, sino la autosuficiencia de la fe. Se contradice al exigir que la razón se oponga al uso de la razón. El modernismo proclama no solo la autonomía, sino la autosuficiencia de la razón. No puede satisfacer sus propios criterios de verdad y lleva al nihilismo, que, además de exaltar la voluntad, niega la fe y la razón. El catolicismo proclama la necesidad de la fe y la razón en la búsqueda de la verdad. Ha creado un patrimonio intelectual, moral y espiritual sin precedentes en la historia del mundo. Al ser estas concepciones incompatibles entre sí, nos vemos obligados a elegir entre Mahoma, Descartes, Nietzsche y Cristo.

---

[16] *Ibid.* p. 542.

AGRADECIMIENTOS

Este libro no hubiese visto la luz sin mi amigo Benoît Patar que, después de asistir a las conferencias que di a unos profesores sobre los autores en cuestión, me propuso reunirlas para publicarlas como libro. Es también él quien, con una rara paciencia, ha leído atentamente el manuscrito, ha hecho sugerencias estilísticas y asegurado su conformidad con las reglas tipográficas.

Debo testimoniarle mi más profundo agradecimiento.

ESTE LIBRO, PUBLICADO POR
EDICIONES RIALP, S. A.,
MANUEL URIBE, 13-15, 28033 MADRID,
SE TERMINÓ DE IMPRIMIR EN
ANZOS, S. L., FUENLABRADA (MADRID),
EL DÍA 24 DE SEPTIEMBRE DE 2025.